ひかりのくに保育ポケット新書③

保護者とうまくいく方法

～日常編・行事編・クレーム編 48のポイント～

元保育士、保育・子育てアドバイザー
原坂一郎／著

ひかりのくに

はじめに

私は園では「先生」と呼ばれていましたが、家に帰れば３人の子どもの「保護者」でした。
先生のときは「保護者とうまくやりたい」と思い、保護者のときは「先生とうまくやりたい」と思っていました。
年数を重ねると、どちらもだんだんうまくいくようになりました。
でも、経験さえ積めばうまくいく、というものではありません。
いくつもの工夫をしました。
ポイントもたくさんありました。
それをまとめてみました。
ポイントは相手を一人の人間として見ることでした、
ぜひ実践してみてください。
きっと何かが変わってくるはずです。

いわゆる「モンスターペアレント」と呼ばれる保護者のことが今、話題になっています。
日本中の先生方が、戦々恐々としています。
でも、考えてみれば「モンスターペアレント」なんて、数の上から見るとごくわずかです。圧倒的多数を占めるのは「ごく普通の保護者」です。
本当に恐いのは、その「普通の保護者」です。
「普通の保護者」とうまくやっていくことが大切なのです。
この本は、決して保護者との間で起こったトラブルを解決する本ではありません。
そのトラブル自体が起こらないようにしようとする本です。

先生も保護者も本当はみんな仲よくなりたいのです。
この本が少しでもその役にたつことができればうれしいです。

本書の特長

- 保育者であり、園児の保護者でもあった著者が、両方の立場から「うまくいく」方法をわかりやすく示しています。
- 下の「特長1」→「特長4」の順に読めば、ハウツーではなく、ノウハウが身につきます。

特長 1

保育の中でよくある保護者とのかかわりでの「困った」ことや、その「解決につながること」

保育の中でよくある、保護者とかかわる中で困った場面とその解決策を具体的に示し日常・行事・クレーム時の保育の場面をイメージしたり、解決につながることを示したりしています。

特長3

大切なことがひと目でわかるイラストと「じゃあどうすれば?」

左ページの特長1・2を受けて、具体的にどうすればよいかを中心に、イラスト化し、理解が深まるようになっています。

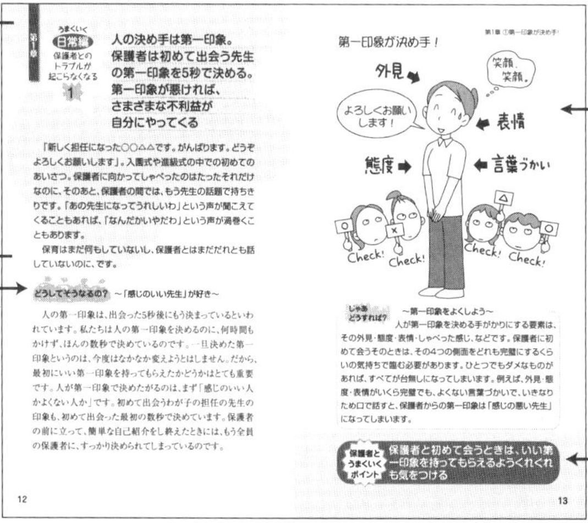

第1章

うまくいく 日常編 保護者とのトラブルが起こらなくなる 1

人の決め手は第一印象。
保護者は初めて出会う先生の第一印象を5秒で決める。
第一印象が悪ければ、さまざまな不利益が自分にやってくる

「新しく担任になった○○△△です。がんばります。どうぞよろしくお願いします」。入園式や進級式の中での初めてのあいさつ。保護者に向かってしゃべったのはたったそれだけなのに、そのあと、保護者の間では、もう先生の話題で持ちきりです。「あの先生になってうれしいわ」という声が聞こえてくることもあれば、「なんだかいやだわ」という声が渦巻くこともあります。

保育はまだ何もしていないし、保護者とはまだだれとも話していないのに、です。

どうしてそうなるの? ～「感じのいい先生」が好き～

人の第一印象は、出会った5秒後にもう決まっているといわれています。私たちは人の第一印象を決めるのに、何時間もかけず、ほんの数秒で決めているのです。一旦決めた第一印象というのは、今度はなかなか変えようとはしません。だから、最初にいい第一印象を持ってもらえたかどうかはとても重要です。人が第一印象で決めたがるのは、まず「感じのいい人かよくない人か」です。初めて出会うわが子の担任の先生の印象も、初めて出会った最初の数秒で決めています。保護者の前に立って、簡単な自己紹介をし終えたときには、もう全員の保護者に、すっかり決められてしまっているのです。

12

第1章 ①第一印象が決め手!

じゃあどうすれば? ～第一印象をよくしよう～

人が第一印象を決める手がかりにする要素は、その外見・態度・表情・しゃべった感じ、などです。保護者に初めて会うそのときは、その4つの側面をどれも完璧にするくらいの気持ちで臨む必要があります。ひとつでもダメなものがあれば、すべてが台無しになってしまいます。例えば、外見・態度・表情がいくら完璧でも、よくない言葉づかいで、いきなりため口で話すと、保護者からの第一印象は「感じの悪い先生」になってしまいます。

保護者とうまくいくポイント 保護者と初めて会うときは、いい第一印象を持ってもらえるようくれぐれも気をつける

13

特長 2

どうして、そうなるの?

なぜ、その「困った」が起こってしまうのかがわかります。より深い保護者理解にもつながります。

特長 4

保護者とうまくいくポイント

最後のまとめとして「ポイント」を示しました。他のさまざまな場面でも応用がきく、大切なことばかりです。

本書の使い方

- どの章のどの項目から読んでもOK!
- どの項目も、上の特長1～4(見開き内)の順に見ていきましょう!
  なぜうまくいかないのか、どうすればうまくいくようになるのかの理解が深まります。
- 読んだ項目は、ことあるごとに実践しましょう!
  あのときどうすればよかったのかなという反省の中でも役だててください。きっと、保護者とのかかわりがうまくいくようになります。

ひかりのくに保育ポケット新書③

保護者とうまくいく方法

～日常編・行事編・クレーム編 48のポイント～

CONTENTS

はじめに ―― 2

本書の特長と使い方 ―― 3

もくじ ―― 4

第1章
うまくいく 日常編
保護者とのトラブルが起こらなくなる ―― 11

① 人の決め手は第一印象。保護者は初めて出会う先生の第一印象を5秒で決める。第一印象が悪ければ、さまざまな不利益が自分にやってくる
第一印象が決め手! 12

② 「保護者のみんな」と仲よくなろうと思うと、だれとも仲よくなれず、1対1の関係を作ると、あっというまに全員と仲よくなれる
「保護者のみんな」と仲よくなりたいときは…14

③ 保護者は先生から話しかけられるのを待っている。先生の方から話しかけさえすれば、どんな保護者ともすぐ仲よくなる
保護者と話が弾まないときは? 16

④ 先生が笑顔で話すだけで保護者はうれしくなり、保護者にも笑顔が増える。無表情で話すと保護者も無愛想になる
保護者と話すときは笑顔で 18

⑤ 保護者と話をするきっかけは、まず褒めること。それだけで、保護者は笑顔になり、その後、どんな話題でもスムーズに進む
人は褒められるとうれしい 20

⑥ 保護者に「言いにくいこと」を言うときはいきなり言わず、まずは互いが笑顔になる話をした後、思い出したように言うと素直に聞いてもらえる
保護者に「言いにくいこと」を言うときは… 22

⑦ 保護者は、先生から「ありがとう」の言葉を言われると恐縮し、「こちらこそ」という気持ちになって保護者も謙虚になってくる
保護者には感謝の言葉を 24

⑧ 保護者には、優越感をくすぐる質問を多くする。自分が先生の役にたつことができたことでうれしくなり、笑顔で話をしだす
保護者には喜んで答えられる質問を多くする 26

⑨ 園のことで質問を受けたとき、すぐに「園長先生に聞いてください」「園長室へお願いします」と言っていると、保護者は冷たさや不信感を抱く
ちょっとした質問を受けたときは? 28

⑩ 先生が保護者のよき話し相手、相談相手になり、「何でも話せる人」となると、保護者は心を開き、互いにいい関係が持てるようになる
保護者が何かを話しかけてきたときは… 30

⑪ 保護者はわが子の園でのようすを何も教えてもらえないと不安になる。どんな小さなことでもいいから子どものようすを伝えると喜ぶ
保護者はわが子のようすがわからないと不安がる 32

⑫ 「今日の子どものようす（記録）」欄に、子どものマイナス面を書くと、保護者は気分を害し、トラブルが起こりやすくなる
「子どものようす」の伝え方は? 34

⑬ プリントや掲示板で、「お願い」ばかりを書いていると、保護者はやがて読まなくなり、守る人も減ってくる
「お願い」を守ってもらうには? 36

⑭ 「○○してください」は「お願い」ではなく「命令」。保護者の反感を買いかえって協力してもらえなくなる
「○○してください」でお願いすると反感を買う 38

⑮ あいさつをしない保護者に、こちらもあいさつをおろそかにしていると、いつのまにか「あいさつをしない先生」のレッテルをはられる

あいさつをしない保護者には… 40

⑯ 連絡帳などに書いた子どものようすやエピソードに、先生からのコメントが何もないと、保護者はやがて何も書かなくなる

連絡帳を保護者との連携ツールにするためには 42

⑰ ひとりひとりの保護者に小さな親切をたくさんすること。何かひとつするたびに、いい関係がひとつでき上がっていく

保護者への小さな親切を積み重ねる 44

第2章
うまくいく 行事編

保護者が満足する行事にするために ―――― 47

① 《入園式》入園式は、先生が一年の中でもっとも子どもの名前を間違いやすい日。保護者はわが子の名前が間違われることを一番嫌う

入園式・大切なことは? 48

② 《保育参観》保護者が見ているのは「先生の保育」ではなく「わが子の姿」。「保育の失敗」には気づかないが「わが子への対応のまずさ」にはすぐ気づく

保育参観・保護者が見ているのはわが子のみ 50

③ 《懇談会》ひとりひとりの感想や個人的な質問で時間をつぶすと、大多数の保護者が不満を抱く。保護者は先生の話を聞きたがっている

懇談会・保護者は先生の話を聞きたがっている 52

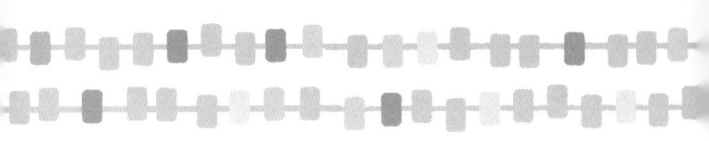

④ 《親子遠足》保護者の不平や不満がもっとも渦巻く行事が親子遠足。楽しんでいる余裕はない。ポイントは、たくさん起こる小さな混乱の予想と対策
親子遠足・あらゆる混乱の予想を 54

⑤ 《親子の集い》目的は「保護者を笑顔にすること」に置く。保護者は、自分も「参加した」「できた」「楽しめた」ものを、「よかった行事」と言う
親子の集い・子どもも保護者も楽しめるものを 56

⑥ 《夏祭り》おおぜいが一堂に集まるところでは、保護者は「ルールを守らない」「放送は聞いていない」「文句は山ほどくる」を覚悟し、事前にその対策をしっかり取っておくこと
夏祭り・よい対応策は必ずある 58

⑦ 《運動会》保護者はわが子ががんばっている姿を見るだけで満足する。気になるのは演技内容ではなく「わが子はどこ?もう出た?まだ?」。見逃すと不満がいっぱい
運動会・保護者は子どもの姿を確認したい 60

⑧ 《作品展》保護者がまず見たいのはわが子の作品。りっぱな「共同作品」はすぐに忘れるが、「わが子の作品」は10年後も覚えている
作品展・保護者が見たいのはわが子の作品 62

⑨ 《音楽会》楽器に差があるのは不満のモト!　しかし、どんな楽器を担当しても、子どもが喜ぶ工夫が施されていれば、保護者は満足する
音楽会・子どもが楽しそうに演奏していれば満足 64

⑩ 《クリスマス会》成功のカギはサンタクロース。たった3つのポイントで「雇われサンタさん」が名優サンタに大変身
クリスマス会・成功のカギはサンタクロース 66

⑪ 《発表会》保護者の希望は「よく見える席」と「がんばるわが子」。先生方が「一番苦労した点」などには興味を示さない
発表会・全席がS席となる工夫を 68

⑫ 《卒園式》保護者にとっての「よかった卒園式」は、感動を味わえた卒園式。保護者にたくさんの感動を与える工夫を考えよう
卒園式・保護者が感動できるものに 70

⑬ 《お試し保育》園へのイメージはこのとき決定する。特に保護者の質問にはていねいに答えること。その答え方ひとつが入園の決定を大きく左右する
お試し保育、見学会・初対面の質問にはていねいに 72

⑭ 《集合時刻》守らない保護者がトクをし、守った保護者がソンをするルールにしていくと、遅刻者が増えていく
集合時刻・ルールを守る人が報われるルールを 74

第3章
要求・クレーム対応編
保護者に笑顔で納得してもらうために――――77

① 保護者が求めているのはその「解決策」ではなく「満足感」。満足感が持てる言葉をたくさん使うようにする
満足感を味わえる言葉を言おう 78

② 保護者から要求やクレームがきたときは、それを謙虚に受け止める。さらに問題を大きくするようなリアクションを出さなくてもすむ
保護者の言葉は謙虚に受け止める 80

③ 保護者から要求やクレームがきたときは、その背後に10倍のクレームがあると思うこと。保護者はふだん、言うのをがまんしている
ひとつのクレームの裏に10倍のクレームが 82

④ 保護者から要求やクレームがきたときは、笑顔で聞くようにすると相手は気分を害さない
「笑顔で聞く」くらいの心がまえで 84

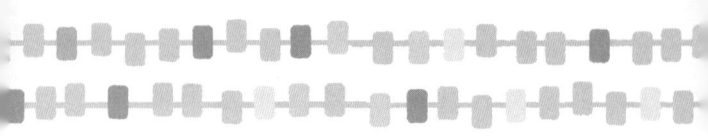

⑤ たとえこちらに言い分があっても最後まで話してもらう。人は話を途中でさえぎられるのを何よりも嫌がる
人の話は途中でさえぎらない 86

⑥ 要求やクレームには、決して否定語を使わない。少しでも否定的な言葉を返すと、新たな怒りを生じさせる
否定的な言葉を返さない 88

⑦ 決して物別れに終わらないようにする。いつまでも不満が残り、いつか蒸し返されてしまう
物別れに終わらない 90

⑧ 保護者から要求やクレームがきたときは、こちらも早口になってしまいがち。落ち着いてゆっくりめに話すようにすると、おだやかな話し合いになっていく
早口が早口をよぶ 92

⑨ 希望や期待感が持てる「回答」をすると、納得して帰る
期待感が持てる回答を 94

⑩ 保護者から要求やクレームがきたときは、言ってくれたお礼を言う。言うほうの気まずさが緩和され、和やかな雰囲気になる
感謝の言葉「ありがとうございました」で受ける 96

⑪ 保護者からの要求やクレームで、すぐに対処できるものはその場で対処する。対応の早さと保護者の満足度は比例する
すぐ対処できるものは、その場で対処 98

⑫ 保護者の「希望」や「要望」は、ソフトなクレーム。ていねいに対処しないと、とんでもないトラブルに発展することがある
笑顔でやってきた希望には油断をしない 100

⑬ 保護者から要求やクレームがきたときは、3つにひとつは完全に受け入れる。それだけで「いつも受け入れてくれる」ように思う
3つにひとつは受け入れよう 102

⑭ 保護者同士で交わされる担任の「悪口」や「陰のクレーム」が聞こえてきたときは、保育者としても人間としても成長できる大チャンス
噂話はどこか当たっている!? 104

⑮ 子どものケガや傷は、侮ることなかれ。それがどんなに小さいものでも、保護者とのトラブルの元になると思ってちょうどいい
子どものケガや傷は侮るなかれ 106

⑯ 保護者は、職員同士の連携が悪いとクレームが出やすくなる。メモ1枚の、「情報共有システム」を作ろう
職員同士の連携をよくしよう 108

⑰ 保護者は「助かる」「便利」「楽しい」を感じると満足し、「困る」「不便」「楽しくない」を感じると不満を抱く
園にはいろんな「困る」「不便」がある 110

あとがき ―― 112

STAFF 本文レイアウト/プランニングオフィスエニー
本文イラスト/おかじ伸
企画・編集/安藤憲志・長田亜里沙・岡本 舞
校正/堀田浩之

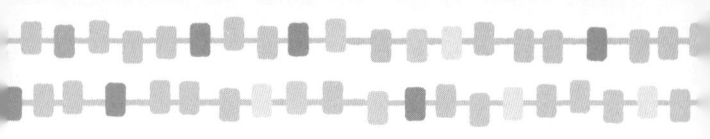

第1章

うまくいく 日常編

～保護者とのトラブルが起こらなくなる～

トラブルには必ず原因があります。
その「原因」は、日常の、ごく何気ない
ところにたくさん転がっています。
それさえなければ、そのトラブルは起
こらなくてすんだのです。

うまくいく
日常編
保護者とのトラブルが起こらなくなる
1

人の決め手は第一印象。保護者は初めて出会う先生の第一印象を5秒で決める。第一印象が悪ければ、さまざまな不利益が自分にやってくる

「新しく担任になった○○△△です。がんばります。どうぞよろしくお願いします」。入園式や進級式の中での初めてのあいさつ。保護者に向かってしゃべったのはたったそれだけなのに、そのあと、保護者の間では、もう先生の話題で持ちきりです。「あの先生になってうれしいわ」という声が聞こえてくることもあれば、「なんだかいやだわ」という声が渦巻くこともあります。

保育はまだ何もしていないし、保護者とはまだだれとも話していないのに、です。

どうしてそうなるの？ ～「感じのいい先生」が好き～

人の第一印象は、出会った5秒後にもう決まっているといわれています。私たちは人の第一印象を決めるのに、何時間もかけず、ほんの数秒で決めているのです。一旦決めた第一印象というのは、今度はなかなか変えようとはしません。だから、最初にいい第一印象を持ってもらえたかどうかはとても重要です。人が第一印象で決めたがるのは、まず「感じのいい人かよくない人か」です。初めて出会うわが子の担任の先生の印象も、最初の数秒で決めています。保護者の前に立って、簡単な自己紹介をし終えたときには、もう全員の保護者に、すっかり決められてしまっているのです。

第一印象が決め手！

外見
笑顔、笑顔。
よろしくお願いします！
表情
態度
言葉づかい
Check!
Check!
Check!
Check!

じゃあ どうすれば？

～第一印象をよくしよう～

人が第一印象を決める手がかりにする要素は、その外見・態度・表情・しゃべった感じ、などです。保護者に初めて会うそのときは、その4つの側面をどれも完璧にするくらいの気持ちで臨む必要があります。ひとつでもダメなものがあれば、すべてが台無しになってしまいます。例えば、外見・態度・表情がいくら完璧でも、よくない言葉づかいで、いきなりため口で話すと、保護者からの第一印象は「感じの悪い先生」になってしまいます。

保護者とうまくいくポイント

保護者と初めて会うときは、いい第一印象を持ってもらえるようくれぐれも気をつける

「保護者のみんな」と仲よくなろうと思うと、だれとも仲よくなれず、1対1の関係を作ると、あっという間に全員と仲よくなれる

先生はだれでも、「保護者のみんな」と早く仲よくなりたいと思っているものです。そのため、その日の保育やクラスのようすを毎日きちんと書いたり、クラスだよりを毎日発行したり、さまざまな方法で、保護者のみなさんに親しみを持ってもらおうとしています。なのに、なぜか効果がなく、いつまでもよそよそしかったり、あまり仲よくなれなかったりすることもあるようです。

どうしてそうなるの？ ～ひとりひとりに心が向いていない～

保護者というものをひとかたまりで見てしまい、いつも「保護者のみなさん」という感覚で付き合っていると、そうなってしまいます。20人の保護者がいたとすると、常に1対20の関係で見てしまい、ひとりひとりとは結局だれとも「いい関係」を作っていなかったわけです。クラス懇談会でも、「保護者のみんな」と仲よくなるチャンスとばかり、必死で「みなさん」と話をしようとします。でも話した後、だれとも仲よくなれていなかったりします。それは、相手が同僚でもクラスの子どもたちでも同じです。「みなさーん、おはようございます」「みんなー、聞いてちょうだい」。いつもおおぜいに向かって話をする感じでいると、いつまで経っても結局はだれとも仲よくなれていないものです。

みなさん、おはようございまーす……。
どうも
すすっ
……。
なじめない…

「保護者のみなさん」に、まとめて話しかけるのではなく…。
（みんな）

○さん！
おはようございます。
先日の△△会いかがでしたか～♪
実はね、先生…

ひと言ずつでも、ひとりひとりと話をする。

じゃあどうすれば？

～ひと言ずつでも、ひとりひとりと話をする～

相手が例えば20人いたとすると、1対20の関係をひとつ作ろうと思うのではなく、1対1の関係を20個作ろうと思うのです。「保護者のみなさん」に向かって毎日話をするだけでは1か月たってもだれとも仲よくなれませんが、保護者ひとりひとりと毎日30秒ずつでも話をすると、もう3日で全員と仲よくなってしまうものです。

保護者とうまくいくポイント

保護者は、「みんな」の中のひとりではなく、先生と1対1の人間関係を持ちたがっている

うまくいく
日常編
保護者とのトラブルが起こらなくなる
3

保護者は先生から話しかけられるのを待っている。先生の方から話しかけさえすれば、どんな保護者ともすぐ仲よくなる

「保護者とどうも話が弾まない」「最近保護者との会話が不足している」そう思ったことはありませんか？　でも、その原因は保護者側ではなく、先生側にあることが多いものです。保護者の方は何も先生と話をしたくないわけでないのです。話しかけられるのを待っているのです。先生から親しげに話しかけてくれさえすれば、話をするスタンバイはいつでもOKなのです。

どうしてそうなるの？　～人は、自分から話しかけにくい～

街で人に道を尋ねたことがありますか？　みんなとても親切に答えてくれるものです。バスの中で隣の席の人から話しかけられたとき、それをきっかけにまるで知り合いのように話が弾んだ、という経験もあると思います。人（特に日本人）は性格的にシャイな人が多いようです。なかなか自分から話しかけようとはしません。でも、人から話しかけられさえすれば、笑顔で答える準備はみんなできているのです。

保護者も同じです。自分から話しかけるのは苦手だけれども、先生の方から話しかけてもらえれば、いつでも話をする、いや、むしろ話がしたいのです。話をしない人同士は、気持ちもだんだん離れていってしまいます。

……話が弾まないなぁ。

おはよう
ございます。
お願いします。
わかりました。
………。

自分から話しかけよう！

寒いですねえ！
お母さん、
だいじょうぶ
ですか？
イヤダ〜!!
先生
長袖シャツ
着なきゃ♪

じゃあどうすれば?

~こちらから話しかける~

保護者と仲よくなろうと思えば、とにかく話をすることです。あいさつだけではダメです。子どもの送り迎えのとき、通園バスの停留所で、保護者参加の行事で、保護者と会う機会をとらえては、こちらから積極的に何か話しかけるのです。「寒いですねえ。そんな薄着でだいじょうぶですか?」何でもいいのです。するとその後必ず会話が始まります。人は自分と親しく会話をしてくれる人を好きになるものです。

保護者とうまくいくポイント

保護者には自分からすすんで話しかけよう。みんな先生と楽しく話をしたがっている

うまくいく
日常編
保護者とのトラブルが起こらなくなる
4

先生が笑顔で話すだけで保護者はうれしくなり、保護者にも笑顔が増える。無表情で話すと保護者も無愛想になる

「あ、○○さん、これ、写真代のおつりです」。そんなちょっとした事務的な連絡でも、笑顔で言うのと無表情で言うのとでは、相手に与える印象は大違いになります。笑顔で言われると、言われたほうまでうれしくなり、笑顔で「ありがとうございます」と返事をしてくれるものです。

一方、無表情で言うと、冷たい印象を与えてしまい、言われたほうも決して笑顔を返したりはしないものです。

どうしてそうなるの？　～「普通の顔」は「怒った顔」!?～

人は、相手が笑顔で話しかけてくれると、とてもいい気分になり、思わず自分も笑顔になってしまうものです。笑顔は相手の心を和ませ、安心させる力があるからです。いちいち笑顔なんて作れない、普通の表情でしか話せない、と言う人もいます。でも、人の「普通の顔」って、自分は「普通」のつもりでも、相手からは怒っているように見えるものです。なぜなら「普通の顔」のとき、ほとんどの人は口角が3～10度下の方へ下がっているからです。そのため、普通の表情をしているだけで、まるで「怒った顔」のように見えるのです。

一度鏡で自分の「普通の顔」を見てください。ほら、怒っているみたいでしょう?

これ、写真代のおつりです。
はぁ そうですか…。
これ、写真代のおつりです。
ありがとうございます♪
口元は イーッ!
笑顔をキープ!

じゃあどうすれば?

～笑顔で話しかける～

人は親しい友人と話すときはいつもしぜんに笑顔で話しているものです。ふだんからとにかく人と話をするときには笑顔で話す習慣を作っていれば、だれでもできるようになります。無理に笑わなくても、「イー」という要領で口を左右に広げ、その口元をキープしたまましゃべるだけで、しぜんに笑顔で話しているように見えます。まずは保護者と話すときにトライしてみてください。

保護者とうまくいくポイント 保護者とは笑顔で話をするだけでも仲よくなれる

うまくいく
日常編
保護者とのトラブルが起こらなくなる
5

保護者と話をするきっかけは、まず褒めること。それだけで、保護者は笑顔になり、その後、どんな話題もスムーズに進む

保護者とのコミュニケーションが大切、と言われても、どんな話をすればいいのかわからない･･･という先生は、まずは、保護者を褒める言葉から入ってみることです。すると、あら不思議。保護者はしぜんと笑顔になり、自分からいろいろ話すようになり、二人の会話が弾むようになります。「今日、先生にちょっと言わせてもらおう」と思ったことも、「やっぱり言うのはやめよう」となることさえあるのです。

どうしてそうなるの？ ～褒めてくれる人は大好き～

人は、自分を褒めてくれる人に対して好感を抱くものです。自分も相手を褒めようとし、その人のいいところを探すようになります。また、好感を持った人に対しては、少々の不満点に対しては目をつぶるようになる･･･と言うよりも、それが気にならなくなっていきます。自分を褒めてくれる人に対しては、不満点ではなく満足点を探すようになるのです。そんなやりとりが毎日少しでもあると、しぜんに「いい関係」ができ上がり、いつの間にか互いに笑顔でたくさん話し合うようになっているものです。

オハヨウゴザイマス。
今日はひとこと言わせてもらおう…。
先生、あのですねぇ！
お母さん、いつも元気で明るい声ですね♪
あ、ありがとうございます。
やっぱりやめとこ♡

じゃあどうすれば？

～何気ないことを褒める～

まずは保護者の褒めるところを探しましょう。「すごい」「偉い」「じょうず」「きれい」だけが褒め言葉ではありません。毎日やっていること、やってあたりまえのようなことを口にすればいいのです。元気よくあいさつをされたら、「いつも元気で明るい声ですね」。「はい、写真代です」と持ってきたら「提出物、いつも早いですね」･･･。本人は別に褒められようと思ってしているのではない、当然のようにやっていることを褒めるのです。本当に感じたことを言ったわけですから、決して「お世辞」とは思われません。

保護者とうまくいくポイント

保護者のことで、感心するところ、いいなと思ったことは、口に出してどんどん褒めよう。人と仲よくなる近道は、まずは褒めること

うまくいく 日常編 保護者とのトラブルが起こらなくなる 6

保護者に「言いにくいこと」を言うときはいきなり言わず、まずは互いが笑顔になる話をした後、思い出したように言うと素直に聞いてもらえる

「写真代が50円足りなかった」「子どもがふざけて園の大きな花瓶を割った」「けんかをして友達にケガをさせた」・・・、保護者にこんなこと本当は言いたくないのだけれど言わないといけない、というような話をするときは、保護者の顔を見るなり、いきなり切り出してしまうと、保護者は顔色が変わり、次々に反論を言ったり、逆に先生を質面攻めにしたり、かえってこちらが気分を害するような反応が返ってくることが多いものです。

どうしてそうなるの？　～よくない話はいきなり聞きたくない～

人は、「驚く話」「悲しくなる話」「腹が立つ話」など、自分のマイナス感情を引き起こすことを突然言われたら、激しく動揺するものです。その感情を受け入れる準備ができていないからです。すると心理学的に言う「自我防衛機制」が働き、それを素直に認めまいとする気持ちが沸いてきます。つまり否定しようとするのです。保護者としては、きげんよく園に来て、何の前触れもなくいきなり驚く話、いやな話を先生から聞かされると、動揺が最初に来て、素直な反応が非常に出にくくなり、そういう意思はないのに突っかかったり、逆に先生を質問攻めに遭わすこともあります。いきなり悪いニュースを聞くと、人は、素直に「そうですか」と言ったりはできないものなのです。

○○ちゃんは
本当に車が
好きなんですね～！
ええ！そうなんですよ。
いつもウチでも…。

互いに笑顔になる話のあと…

あっそうそう、
実はですね…
ハイ？

思い出したように言う。

じゃあ どうすれば？　**～思い出したように言う～**

保護者に言いにくい話、気分が悪いだろうな、という話をしないといけないときは、その話をいきなり切り出さないようにし、まずは、保護者が笑顔になる話をします。「○○ちゃんって本当に○○が好きなんですねー、びっくりするほど△△していましたよ」など何でもいいのです。保護者が「そんうなんですよ・・・」などと言いながら、笑顔になっていく話を最初にするのです。そしてその後、思いついたように「本件」を言います。「あ、そうそう、お母さん、実はですね・・・」。人間、笑顔になったときは気分がよく、心もおおらかになっています。先生の話も素直に聞ける状態になっていて、いきなり切り出したときとは全然違う反応が返ってきます。

保護者と うまくいく ポイント　**いきなり悪いニュースを聞かされると、だれでも混乱してしまうもの。ワンクッション置いて、笑顔になってから聞かされると、落ち着いて聞ける**

うまくいく
日常編
保護者との
トラブルが
起こらなくなる
7

保護者は、先生から「ありがとう」の言葉を言われると恐縮し、「こちらこそ」という気持ちになって保護者も謙虚になってくる

たとえば、お知らせプリント1枚でも、「◎◎について」といきなり要件から入るのと、まずは、「いつもご協力ありがとうございます」などと書かれてあるのとではかなり印象が違って見えます。

懇談会などでも、最初に先生から「いつも何かとご協力ありがとうございます」というような言葉があるのとないのとでは、その後に続く言葉の保護者の受け止め方はずいぶん違ってきます。

どうしてそうなるの？ ～感謝されると謙虚になる～

人は、人から「ありがとう」を言われると無条件にうれしくなるものです。自分に感謝をしてくれたその人に対し、好感を持ち、自分もその人に対して謙虚な気持ちが持てるようになってきます。人は、小さな子どもからでも、「ありがとう」と感謝の言葉を言われると、その子どもに対して、もっと何かをしてあげたくなるものです。

お便り、お知らせプリント、告知板など、とにかく保護者に読んでもらいたいものには、そのどこかに「ありがとう」の5文字があるかどうかで大違いの印象を与えるものとなります。書かれたことを最後まで読んでもらえるかどうか、しっかり守ってもらえるかどうか、にまで影響します。

懇談会
いつもご協力
ありがとうございます。

保護者の皆様、
いつも朝早くから、
お弁当作り等のご協力
ありがとうございます。
遠足の様子
あら♪

じゃあ どうすれば？ **～感謝の言葉をどこかに入れる～**

保護者に読んでもらうものには、そのどこかに、保護者に対する感謝の気持ちを表す文言を入れるようにします。たとえば「きょうの遠足のようす」を伝えるプリントならば、「みなさんが集合時間を守ってくださったおかげで･･･」のひと言や、「朝早くから、お弁当を作ってくださりありがとうございました」などの言葉があるだけで、保護者は「こちらこそありがとうございます」と、引率してくれた先生への感謝の気持ちも起こります。

保護者とうまくいくポイント **保護者には、日ごろから感謝の気持ちをしっかりと伝えておく。実際、感謝すべきことがたくさんある**

保護者には、優越感をくすぐる質問を多くする。自分が先生の役にたつことができたことでうれしくなり、笑顔で話をしだす

「そのカバンすてきですね。どこで買われたのですか?」「私、最近歯が痛いのですが、この辺でいい歯医者さんをご存じないですか?」。先生にそんな質問をされると、保護者はとっても気分がよくなります。「先生、それはね・・・」と、その後笑顔で会話が続くようになります。

どうしてそうなるの? ～先生の役にたてるのはうれしい～

人は、自分が相手の役にたったと思うと、自尊心がくすぐられ、誇らしくさえ感じるものです。まして、その相手が先生で、「先生に教えてあげることができた」「自分が先生の役にたてた」と思うだけでも、保護者はちょっとした優越感に浸ることができ、とてもうれしい気持ちになるものです。

街を歩いていて、人から道を尋ねられたとき、その人にうまく教えてあげることができたとき、何となく、うれしい気持ちになる、その気持ちに似ています。「人の役にたった」と思うだけで、人は気分がよくなり、その上、お礼まで言われたりすると質問をしてくれたその人に対して、いい感情さえ持つようになるものです。

お肌つやつやですね！
どんな化粧品を使われているんですか？
うふふ♪
実はね…。

じゃあ
どうすれば？

～笑顔で答えられる質問をする～

その保護者しか答えることができない質問を、さりげない会話の中に挟み込むのです。質問は何でもいいのです。「すてきな髪型ですね。どこの美容院に行かれているのですか?」「どうすれば○○ちゃんのように、何でもよく食べる子どもに育てられるのですか?」。そんな風に、感心したからこそ聞くのだ、という質問がベストですが、「この辺で、○○のお店はないですか」「△への近道をご存じないですか?」といったような、その地域に関する情報を聞くのもひとつの方法です。いずれも保護者は得意げに答えてくれます。

保護者とうまくいくポイント

質問に答えることができ、その人の役にたったと思うと、人は気分がよくなるもの。その保護者が笑顔で答えられるような質問を日常的にしていこう

うまくいく
日常編
保護者とのトラブルが起こらなくなる
9

園のことで質問を受けたとき、すぐに「園長先生に聞いてください」「園長室へお願いします」と言っていると、保護者は冷たさや不信感を抱く

保育料のことでちょっと聞きたい、行事に関する希望を言いたい、住所変更を伝えたい・・・、園に対してちょっと聞きたいことや伝えたいことがあったとき、保護者は、まず身近な先生に言いにいきます。気軽に聞きたかったからだけなのに、そこで「園長先生に・・・」「園長室に・・・」なんて言われたら、何か大げさなことをしている感じになり、「あ、もういいです」となったり、その先生に対する信頼感をなくしたりします。

どうしてそうなるの？　～気軽に尋ねたい～

保護者としては、直接園長先生に質問したり、いきなり事務室や園長室に行ったりはしにくいものです。そうしないですむよう、身近な先生に相談したのに、「園長先生に・・・」「園長室に・・・」なんて言われると、がっかりです。交番へ行かないですむよう、人に道を尋ねたのに「交番で聞いてください」と言われたようなものです。

「先生はこれくらいのことも答えられない」「何でもいちいち園長に聞かないとわからない園」。保護者はさまざまなことを思います。先生に対して冷たさやちょっとした不信感を感じることもあります。先生や園に対してさまざまなマイナスエネルギーが降り注ぎます。それも怖いことです。

あの～…ちょっと
〇〇のことで……。
その件は
園長先生に
聞いてください。
園長室はあちらです。
え…
あの～…ちょっと
〇〇のことで……。
聞いてきます。
ちょっとお待ち
くださいね。
ホッ

じゃあどうすれば？

～尋ねられた人が動く～

自分が軽々しく答えられない質問は、直接園長先生に聞いてもらいたい。その気持ちはわかりますが、「責任回避」はよくありません。簡単な質問のときは、保護者に「ちょっとお待ちください」と言い、自分が保護者に代わって園長先生のところへ聞きにいきます。そして園長先生の答えを伝えるのです。園長先生が「直接話す」と言ったときは、保護者をあらためて園長室に案内します。その際、もし保護者がひとりで行けたとしても、園長室の前まで案内します。そんなふうにしてもらうことを、保護者は望んでいたのです。

保護者とうまくいくポイント

保護者から質問を受けたときは、「責任回避」はせず、「質問」の意図を汲み、親切ていねいなかかわりを

うまくいく
日常編
保護者とのトラブルが起こらなくなる
10

先生が保護者のよき話し相手、相談相手になり、「何でも話せる人」となると、保護者は心を開き、互いにいい関係が持てるようになる

保護者はわが子のことで、もしくはふだんの子育てで、話したいこと、だれかに相談したいことが、たくさんあるものです。でも、話したいけれど他の保護者ではわかってもらえないという話もたくさんあります。もっともわかってくれそうなのが担任の先生です。ある意味、わが子のすべてを知っていて、共感してもらえやすいからです。担任の先生が、子どものこと、わが家のこと、その他何でも聞いてくれる先生であったならば、保護者にとってはとても心強く、強い信頼感を寄せるようになります。

どうしてそうなるの？　～先生に話を聞いてもらいたい-～

人は自分の話を聞いてくれる人を「何でもわかってくれるいい人」と思う傾向があります。あるお医者さんは、患者の話をいつも最後までじっくりと聞くだけで《名医》と呼ばれていたそうです。

保護者、特に母親は、わが子や子育てに関する話を人に聞いてもらいたいと思っています。そんな話ができる人、相談できる人を探しているものです。それがわが子のことをわかってくれる先生ならば、申し分ありません。話を聞くだけで、その保護者にとっては「よくわかってくれる先生」となり、さっきの「名医」と全く同じことが起こるわけです。「先生、聞いてくださいよ。昨日ね・・・」。保護者がそう言ってくるようになればしめたものです

○○が××で
……なんですよ
そうですか。
おわり。
え…
へえ～、それで
どうしたんですか？
つづく♪
うれしい！

じゃあ どうすれば？

～話が続くようにもっていく～

少しでも保護者の方から話しかけてきたものは、「そうですか」で終わらず、「へえ、それでどうしたんですか?」と、その話に興味を持ち、話しの続きを引き出していきます。保護者は「先生は自分の話に興味を持ってくれる。うれしい。じゃあもっと話そう」となり、さらに話が弾むようになります。一旦「自分の話を聞いてくれる人」という印象を持つと、人はその人に何でも話すようになるものです。好感さえ持つようになり、しぜんに「いい人」という感じを持つものです。

保護者と うまくいく ポイント

何でも気軽に話してもらえる間柄になっておくと関係がうまくいく。そのためには、普段から話を十分聞いてあげること

うまくいく
日常編
保護者との
トラブルが
起こらなくなる
11

保護者はわが子の園でのようすを何も教えてもらえないと不安になる。どんな小さなことでもいいから子どものようすを伝えると喜ぶ

保護者は、園でわが子がどんな風に過ごしているのかがとても気になります。お迎えに行ったとき、あるいは保護者参加行事などで先生に会ったとき、わが子のことを少しでも何か話してほしいと思っています。そこで何も教えてくれなかったら正直がっかりです。

そんなことが続くと、先生や園に対して不信感さえ抱くようになってきます。

どうしてそうなるの？　～園での子どものようすが知りたい～

3歳未満の小さな子どもはもちろん、4歳や5歳になっても、子どもは園であったことや、今日の出来事などを家に帰ってあまり話さないものです。話したくないのではありませんが、特別話しておきたいとも思わないのです。

逆に保護者、特に母親は、わが子がきょう一日どう過ごしていたのかが気になるものです。でも、子どもは話してくれない。そうなれば、頼みの綱は園の先生だけということになります。

ところが、その先生が何も教えてくれないのなら、もうどうしようもありません。先生は、子どものようすを伝えてくれてあたりまえ、とさえ思っている保護者もいます。

今日もお昼ごはん、
残さず食べましたよ！
鉄棒で前回りが
できたんですよ。
ホッ
先生、ちゃんと見てくれているんだ…。

じゃあどうすれば？

～さまいなことを伝える～

「今日、おかずをおかわりしていましたよ」「お友達におもちゃを貸してあげていました。優しいですね」…。どんなことでもいいのです。その日の、もしくは最近の子どものようすを何か伝えると保護者は安心します。特に感心したこと、かわいかったこと、ほほえましかったこと、を伝えると、それだけで保護者は「先生はわが子をよく見てくれている」と、先生に対して信頼感さえ募らせていくものです。

保護者とうまくいくポイント

保護者と出会うたびにその子どもの園でのようすを何かひとつ必ず伝える、くらいの心づもりを

うまくいく
日常編
保護者とのトラブルが起こらなくなる
12

「今日の子どものようす（記録）」欄に、子どものマイナス面を書くと、保護者は気分を害し、トラブルが起こりやすくなる

お互いの情報交換のため、個人の連絡帳（または記録票など）に、園（担任）側が「子どもの今日のようす」を書く欄があるときは、書く内容に相当注意しなくてはなりません。それで保護者が気分を害し、トラブルにまで発展することがあるからです。

例えば次のような内容は要注意です。「自由遊びのとき、○○ちゃんとケンカをし、最後には泣かせてしまいました」「これイヤあれイヤの、わがまま放題でした」…。

どうしてそうなるの？ ～子どもの「いい話」を望んでいる～

保護者はだれでもわが子の園でのようすを知りたがっているものです。連絡帳や、毎日の保育記録票の「その日の子どものようす」欄などは、毎日楽しみに読んでいます。たとえ1行しか書かれていなかったとしても、保護者はまるでその日の子どものすべてを見たような気になります。でも書かれている内容が、先生が困ったこと、友達とのトラブルなど、わが子の「困ったところ」しか書かれていなかったなら、保護者はがっかりです。ニコニコ顔でノートに向かったその顔が、急に変わることもあります。読んだあと突然、「先生、そんなにうちの子は悪いですか?」と聞いてくることもあります。そこで慌てて「いえいえ」と言うくらいなら、最初から書かないほうがいいのです。

じゃあ どうすれば?

〜「いい行動」を書く〜

子どもが園でしたことは毎日何千とあるはずです。そこからわざわざマイナス行動を探して書かなくてもいいのです。保護者はそれがわが子の今日の代表的な行動だと思うと悲しくなります。読んで思わず笑顔になるようなことが書かれていると保護者は安心し、ふだんの保育全体にも満足感を抱きます。もしも子どものことで保護者に伝えたい「困ったこと」があるならば、口頭でこっそり伝えればいいのです。

保護者と うまくいく ポイント

保護者が読む記録に子どものことを書くときは、読んで微笑ましくなることを中心に書く

うまくいく
日常編
保護者との
トラブルが
起こらなくなる
13

プリントや掲示板で、「お願い」ばかりを書いていると、保護者はやがて読まなくなり、守る人も減ってくる

「お願い」と大きな見出しがついた掲示板。おたよりの中の「お願い」コーナー。園としては、ある意味もっとも読んでほしいコーナーです。でも「お願い」コーナーをじっくり読んでくれる保護者は、半数もいないものです。さらっとでも読んでくれたらいいほうです。頭の中に入っていかないのです。結局、その「お願い」は、なかなか守ってもらいにくくなります。

どうしてそうなるの?　～「お願い」にはうんざり～

保護者はこれまで、「お願い」コーナーの類を読んで、うれしくなったためしがありません。「お願い」には、いつも耳の痛いこと、面倒そうなことばかりが書かれているからです。「近所に迷惑がかかります。車は園の前に止めないようにしましょう」「子どもの靴はこまめに洗ってきてください」などなど。わかっちゃいるけれど、できないことばかりで、「お願い」と書かれてある時点で、もう飛ばして読んだり、いい加減に読んだりしてしまいがちです。また、とかく「お願い」コーナーは、他のコーナーと違って文字だらけでおもしろみに欠けることが多いもの。保護者に「お願い」を書いたのに、なかなか守ってくれないときは、背後にはそういう理由があるものです。

●どうせ耳の痛いこと
読みたくなーい…
お願い
うんざり
おねがい
●楽しそう…
何が書いて
あるのかな？
フム
フム

じゃあ どうすれば?

～ビジュアルな工夫を～

「お願い」コーナーが文字だらけにならないようにし、ちょっとした演出を施し、思わず読みたくなるようなコーナーにするのもひとつの方法です。例えば先生の顔のイラストを描き、フキダシで先生が言っているようにするもよし、お願いのひとつひとつを装飾付きの枠の中に書くもよし。それだけでも随分楽しそうなコーナーになり、読んでくれる人が増えます。印象にも残りやすく、その結果、その「お願い」を守ってくれる保護者も増えていきます。

保護者とうまくいくポイント

園やクラスからの「お願い」コーナーは、保護者が思わず読みたくなるような工夫を!

うまくいく
日常編
保護者とのトラブルが起こらなくなる
14

「○○してください」は「お願い」ではなく「命令」。保護者の反感を買いかえって協力してもらえなくなる

「園の前に止めないでください」。「子どもにはハンカチを持たせてください」。保護者に向けて書かれたプリントなどで、よく見る文面です。懇談会などで保護者に言うときも、「おもちゃは持ってこないでください」とか「遅れるときは、事前に連絡してください」という言い方で先生はよく言っています。でも「○○してください」という言い方は、本人はていねいに言ったつもりでも、聞いたほうは何か偉そうに言われたような感じがして、素直に従いたくなくなる言葉なのです。

どうしてそうなるの？　～「○○してください」は命令形～

一見、ていねいなお願い言葉のように思える「○○してください」は、実は「命令言葉」なのです。例えば、人に道を聞かれたときでも「道を教えてください」と言われれば、何か偉そうに聞かれた感じがして、知っていても教えたくなくなります。電車の中でいきなり「詰めてください」なんて言われると、詰める気もなくなります。「○○してください」という言い方はていねいな言葉でも何でもなく、何か命令されたように感じてしまう言葉なのです。園でも、保護者への頼み事を「○○してください」と言い続けていると、むしろ協力してくれなくなり、そのつど見えない反感さえ買っているのです。

……しないでください。
……してください。
カチン
ムカッ
……していただけますでしょうか？
ハイ！わかりました。

じゃあ どうすれば?

~もう少していねいに言う~

例えば先の「園の前に止めないでください」は、「園の前には止めないようお願いいたします」と書くだけで、そのお願いはすんなりと保護者に届きます。「遅れるときは事前に連絡してください」なんて言わず、「遅れるときはご連絡いただけますと助かります」と言えば、素直に「わかりました」となるはずです。

保護者とうまくいくポイント

保護者への「お願い」は、ていねいな言い方で

うまくいく
日常編
保護者とのトラブルが起こらなくなる
15

あいさつをしない保護者に、こちらもあいさつをおろそかにしていると、いつのまにか「あいさつをしない先生」のレッテルをはられる

「おはようございます!」。こちらが元気よくあいさつをしても、軽く会釈をするだけだったり、何も返事が返ってこなかったり・・・。そういう保護者に対しては、ついついこちらもあいさつがおろそかになってしまい、その保護者にはしなくなることさえあります。でも、それが怖い結果を招くことがあります。

どうしてそうなるの? ～先生のあいさつこそ見られている～

あいさつの返事がどんなに小さくても、返事がなく軽い会釈だけであっても、保護者本人は、そのつどしっかり返したつもりでいます。なのに、急に先生が自分にだけあいさつをしてくれなくなったり、蚊の鳴くような声でしかあいさつをしてくれなくなったりすれば、その保護者は「あの先生はあいさつの仕方がいい加減」と思うものです。自分に非があるなんて思ってもいません。そういうことが続くと、その保護者は、他の保護者に「あの先生はあいさつさえしない」と言いふらしたりするようになります。それが怖いのです。

おはよう
ございます！
よろしく
お‥
おはよう
ゴザイマス…。
せんせい、
おはよ〜！

じゃあ どうすれば?

〜返事は期待しない〜

「おはようございます」というあいさつは、相手に対して「よろしくね」という気持ちを表したものです。保護者に「よろしくね」の意味を込めて元気よくあいさつをした、それでいいのです。返事の有無やその声の大きさなんて期待しなくていいのです。どういうリアクションが帰ってこようが自分は元気よくあいさつする。その気持ちは保護者に伝わっています。それでいいのです。

保護者と うまくいく ポイント

保護者へのあいさつは、返事のことなんか気にせず、いつも自分から元気よくあいさつを

うまくいく
日常編
保護者とのトラブルが起こらなくなる
16

連絡帳などに書いた子どものようすやエピソードに、先生からのコメントが何もないと、保護者はやがて何も書かなくなる

「きのう家族でプールに行きました。○子はスイミングで習った泳ぎをみんなに見せてご機嫌でした」、「夕べは家で焼き肉パーティをしました。メニューカードで注文を受け、焼き肉屋さんごっこのようになりました」・・・。特に先生に連絡しなくてもよいような内容ですが、保護者は、家庭で起こった出来事を連絡帳などを通して書いてくることがよくあります。でも、それにサインやハンコしかないことが続くと・・・、保護者は連絡帳やノートにだんだん何も書かなくなってしまいます。

どうしてそうなるの？　～先生の「共感」がほしい～

保護者が連絡帳に書いたものは、先生に伝えたいことです。「今日、かぜ気味です」といった「連絡事」も伝えたいことならば、家庭で起こったちょっとした「出来事」も伝えたいことです。聞いてもらいたいのです。わが子のことをわかってくれる先生だからこそ書いたのです。共感してくれると思ったのです。書いたからには、何か反応が欲しいと思っています。早い話が、ちょっとした「コメント」が欲しいのです。せっかく長い文を書いたのに、サインだけだったり、事務的な「見ました」のハンコだけだったりでは、がっかりです。本当に読んでくれたのかどうかさえ怪しく思い始めます。書く気が薄れ、だんだん書くのがおっくうになり、ノートに向かう機会がうんと減ってきます。やがて、本当に連絡して欲しいことまで書いてくれなくなくなることもあります。

じゃあどうすれば?

〜ひとことコメントを書く〜

保護者が何かを書いてきたときは、必ず何らかのコメントを入れるようにします。「ほんとですか!○○君のうれしそうな顔が目に浮かびます」など、ほんの1行でいいのです。何も書かないのとでは大違いです。たとえ1行でも、保護者は「先生が読んでくれた」「褒めてくれた」などの満足感が残り、また何か書こうという意欲が起こります。担任としても、家庭での子どものようすを知ることができ、保育の「参考」にもなるはずです。

保護者とうまくいくポイント

保護者が一生懸命に書いたものには、何らかのコメントを入れると張り合いが出て、また何か書いてきてくれる

うまくいく日常編 保護者とのトラブルが起こらなくなる 17

ひとりひとりの保護者に小さな親切をたくさんすること。何かひとつするたびに、いい関係がひとつでき上がっていく

保護者が大きな荷物を持って部屋に入ろうとしたとき、横から先生がそっと戸を開けてくれた、子どものロッカーの中のこまごまとしたものを持って帰ろうとしたら先生が袋を差し出してくれた、など、保護者は先生のちょっとした「小さな親切」がうれしいものです。

それがきっかけとなって優しい気持ちが芽生え、自分も先生に何かちょっとした親切をしたくなったり、協力的になったりするようになるのです。

どうしてそうなるの？ ～自分に親切な先生が好き～

人は「自分に優しい人」を好きになります。「自分に優しくない人」を嫌いになっていきます。保護者も当然「自分に優しい先生」が好き、というわけです。「自分に優しい人」とは、早い話が自分に親切をしてくれる人のことです。親切というのは、その人に気持ちがなければできないものです。どんな小さな親切でも、そこには気持ちがあり、親切にされたほうは、結局はその気持ちがうれしいのです。

人に積極的に親切をしないときは、別にその人が嫌いなわけではありませんが、特に好きでもないのです。人に親切でない人は、その人にそんな気持ちも伝わっていきます。

よかったら
使ってください。
小さな親切の
積み重ねで……
どうぞ〜。
はい！
紙とペン。
メモしなくちゃ。
保護者には気持ち
が伝わる。

じゃあ どうすれば？

～だれにでも小さな親切をする～

お金も時間も労力もかからない小さな親切をふだんからどの保護者にも心がけておくのです。左記のような例もそうですが、他にも例えば、メモをレシートの裏に書こうとしていたならメモの紙を渡してあげる、電気を消した暗い部屋で何かをしていたなら電気をつけてあげるなど、親切というのは、気持ちさえあればいくらでも見つかるものです。ちなみに、連絡帳の中の保護者の誤字を修正しておく、子どもの目の上にかかっていた前髪を散髪しておく、などは決して「親切」ではありませんので念のため。

保護者と うまくいく ポイント

人は小さな親切に弱いもの。さりげない親切は、人の心を動かし、優しい気持ちにさせ、相手にも何か親切をしたくなってくる

いつもご協力
ありがとうございます。

第2章
うまくいく 行事編
～保護者が満足する行事にするために～

保護者の不満がもっとも渦巻きやすいのが「行事」です。
「行事」は主人公は子どもですが、いかに保護者を満足させるかが成功の秘訣です。

うまくいく
行事編
保護者が満足する行事にするために

1

入園式

入園式は、先生が一年の中でもっとも子どもの名前を間違いやすい日。保護者はわが子の名前が間違われることを一番嫌う

きょうはわが子の入園式。親子そろって張り切って園へ。到着してからのお楽しみは、なんたって子どもの名前が書かれたロッカー探しと、先生から大きな声でわが子の名前を呼んでもらうこと。ああそれなのに･･･、わが子の名前は「松山美奈（まつやまみな）」なのに、ロッカーには「松下奈美（まつしたなみ）」のダブル間違いシール。

おまけに、式では大きな声で「まつしたなみちゃーん」･･･。「だれ、それ?」。楽しい気分もすっかり失せ、園の印象は「マイナス50て～ん」!

どうしてそうなるの？ ～名前だけは間違われたくない～

先生方が子どもの名前を間違えて書いたり呼んだりしてしまうことはふだん滅多にないものです。でも、入園式の日だけは別です。今まで見たこともない名前、読んだこともない名前ばかりが並ぶからです。必ずひとりは間違います。一方、人がもっとも嫌うのは、名前を間違われることです。

私は「原《はら》坂《さか》一《いち》郎《ろう》」ですが、これまで「早坂」「原板」「一朗」など、数々の間違いを受けてきましたが、そのつどいい気分はしませんでした。名前は一文字違っただけでも、それはもう自分ではないからです。わが子のハレの入園式で、わが子の名前を大きな声で間違って呼ばれ、「一生覚えておきます」と言った保護者もいたくらいです。

名前を間違ってしまうことは、保護者にしてみればそれくらい大きなことなのです。

文字を確認！
Check!

理《さとし》くん
理《みち》ちゃん
東海林《しょうじ》
亮《まこと》くん
光 ひかる? こう? ひかり
読み方確認！
Check!

じゃあどうすれば?

～文字と読み方の確認を～

入園式のあらゆる準備の中で、もっとも慎重に行なわないといけないのが、新入園児の「名前確認」です。「島田」と「嶋田」、「えり」と「りえ」、「やまさき」と「やまざき」間違いやすい名前は毎年いくつもあるはずです。子どもひとりひとりの名前を原本に照らし合わせ、そのひと文字ずつを3回確認するくらいの慎重さが必要です。字は合っていても、「村松」をその場で思わず「まつむら」と読んでしまうことも多いため、事前に一度声に出して読んでおくくらいの、もう最大限の「間違い予防対策」をしておきましょう。

保護者とうまくいくポイント

入園式の日に保護者が一番いやがることが、わが子の名前を間違って書かれたり読まれたりすること。名前だけはくれぐれも慎重に

うまくいく
行事編
保護者が満足する行事にするために
2
保育参観

保護者が見ているのは「先生の保育」ではなく「わが子の姿」。「保育の失敗」には気づかないが「わが子への対応のまずさ」にはすぐ気づく

保育参観が苦手な先生は多いものです。自分の保育が見られるのはだれでもいやなものです。でも保育参観で保護者が見ているのは「わが子」だけ。先生の保育の進め方などにはほとんど目がいかないのです。少々の失敗にも気づきません。でも、わが子のことはよく見ています。

「うちの子の分がないのに、先生気づいてくれない」、「あの位置ならわが子は紙芝居が見えにくいはず」、「あっ、うちの子の順番が飛ばされた」・・・。そんなことを思われてしまうほうがよほど怖いのです。

どうしてそうなるの？　～関心事はわが子のようす～

担任は、その日の保育参観がずいぶんうまくいったつもりでも、保護者同士の中では不満の声が渦巻いていた、というのはよくある話です。保護者の「参観のポイント」は、先生の保育がいかにすばらしいか、ではなく、「わが子のようすはどうだったか」のみだからです。わが子が喜んでいたことにも敏感ですが、わが子が困っていたこと、悲しんでいたこと、いやな思いをしていたこと、にはもっと敏感です。

その日の保育の中で、一度でもそんな場面を発見すると、気になってしかたがなく、そのあとの懇談会で、そのことで質問までしてくる人もいるくらいです。

うちの子の紙がない…。
段取り完璧！
さぁ！次は好きなようにかこう！
ボクの分.
ないよ〜
よかった！
ごめんね！
あっ、〇〇ちゃん、紙がなかったね。

じゃあどうすれば?

～ひとりひとりの子どもに配慮を～

保育参観で、先生がもっとも気をつけることは「困っている子どもがいないかを常に探すこと」、「適切な対応をすること」、それに限ります。走って転んだ子どもがいたならそのままにせずにきちんと言葉をかける。子どもがやりにくそうにしていると援助する、紙芝居は、ひとりでも見えにくそうにしていないかを確認する・・・、それらをしていなかっただけで、大げさではなく、それがまさに命取りになることもあるのです。「ひとりひとりの子どものようすをよく見る」というのはふだんの保育でも大切なことです。保育参観の日はそれを徹底する、ということです。

保護者とうまくいくポイント

保育参観では、わが子に対する先生の対応がすばらしいだけで保護者は満足する

うまくいく
行事編
保護者が
満足する行事に
するために
3
懇談会

ひとりひとりの感想や個人的な質問で時間をつぶすと、大多数の保護者が不満を抱く。保護者は先生の話を聞きたがっている

保育参観の後など、保護者が集まったクラス懇談会の中で、先生たちがよくすることが、まずは「きょうの感想をひとりずつ聞く」、そして最後のほうで「個人的な質問を受けつける」です。それは、懇談会は苦手、話すことが何もないという先生に多いようです。

しかし保護者に感想を求めると、全員が言い終えたときは、全体の時間の半分くらい過ぎていることもあります。また、個人的な質問を受けると、その話題で5分や10分はすぐに経ってしまいます。でも、それがほかの保護者の不満のタネとなってきます。

どうしてそうなるの？ ～わが子に関することを知りたい～

クラス懇談会で保護者が聞きたいのは先生の話です。子どもたちのふだんの姿やようす、先生からのアドバイス、何でもいいのでとにかく子どもに関する先生の言葉を少しでもたくさん聞き、そこから家ではわからないわが子のようすを知ったり、わが子が快適に園生活が送れるようにしてやりたいと思っているのです。一方、特定の保護者の「きょうの感想」は、先生に役立つ情報、「個人的な質問」は、その人だけが知りたいことです。自分に役立つ情報ではありません。時間は限られているのに、そのふたつでほとんど潰されてしまった懇談会は、保護者にとっては、得るもののない、つまらない懇談会という印象を持ち、不満だけが残ります。

えーっと、では、
今日の感想を、おひとりずつ…
長く
なりそう。
ふだんの子どもたちは、
園ではみんな……。
次にお願いですが…。
メモ
メモ

じゃあ どうすれば?

～保護者全員が興味をもつ話をする～

すぐに時間が経ってしまう元となる、保護者の個人的な「感想」や「質問」などは、最後の最後、本当に時間が余ったときの話題にします。懇談会に臨むときは、保護者全員に伝えたいことを事前にしっかりとまとめておきます。よく考えていたならたくさんあるのに、この作業をしていない先生は多く、結局時間がなくなって、伝えられなかったことを後で、プリントで知らせる先生もいます。どうしても感想や質問を聞きたいときは、翌日個人的に聞けばいいのです。

保護者と うまくいく ポイント

懇談会はできるだけ「個人的意見」の時間を短くし、参加者全員の利益になる話題で時間を使う

うまくいく
行事編
保護者が
満足する行事に
するために

4

親子遠足

保護者の不平や不満がもっとも渦巻く行事が親子遠足。楽しんでいる余裕はない。ポイントは、たくさん起こる小さな混乱の予想と対策

今日は楽しい親子遠足。みんな笑顔で、無事終了したと思えば・・・、保護者同士の中では不満轟々。「あのとき、こうだった」「○○されたが、あれはないと思う」「もっと△△してくれたらよかったのにね」・・・、気づいたこと、困ったことの披露会になり、それがそのまま園の評価になることが多いものです。親子遠足は、数ある行事の中で、保護者の不平や不満が一番多く出やすい行事なのです。

どうしてそうなるの？ ～遠足では気分よく過ごしたい～

親子遠足は、係（リーダー）になった先生は超たいへんです。バスの座席から、現地での過ごし方、お弁当やゲームの場所など、全体のすべてを任されます。忙しすぎて、そのときどきで起こる細かなトラブルや混乱の対策にまで頭が回りません。でも親子遠足では、どこを切り取ってもどこかで保護者の不満が渦巻いているものです。それは、そのときどきに起こり得る混乱を十分に予想していなかったからです。

一方、リーダーでない先生は比較的のんびりしています。自分の担当と各時間の過ごし方を把握していればなんとなく安心し、単なる参加者のひとりのようになっていることが多いものです。保護者は、どの先生も全体のすみずみまで把握していると思っているのに、何を聞いても「さあ？」だったならば、余計にイライラします。

じゃあ どうすれば？

〜全職員で「傾向と対策」を〜

小さな混乱が親子遠足の中では100個は起こるものです。しかし、そのほとんどは事前に予測でき、それらが起こらないようにするのは可能なのです。例えば、集合となったとき、クラス別の旗があるかないかだけで混乱は大きく違ってきます。バスに乗り込むとき、座席表を車内にはらず、バスのボディにはるだけでもトラブルはかなり減ります。連絡ごとは拡声機の向きを変えて2回言うと全員に聞き取ってもらえます。すべてを係（リーダー）任せにしないことです。リーダーでない先生みんなで、予想される「小さな混乱と対策」を練り合って、全員が全体を把握してこそ、「園で取り組む遠足」となります。

保護者と うまくいく ポイント

親子遠足は、保護者の不平不満が少ないことが成功のカギ。その中で起こりうる小さな混乱の予想と対策はリーダー任せにせず、職員全員で臨むこと

うまくいく
行事編
保護者が
満足する行事に
するために
5

親子の集い
（ふれあいDAY）

目的は「保護者を笑顔にすること」に置く。保護者は、自分が「参加した」「できた」「楽しめた」ものを、「よかった行事」と言う

「保育参観」の代わりに、園で親子いっしょに遊んでもらう、「親子の集い」を設けている園が多くなりました。でも、そこに保護者もいっしょにいることを考えると、その中味をどうするか、ある意味、保育参観よりも悩んでしまうかもしれません。でも、親子の集いは、子どもも保護者も楽しめるもの、と離して考えず「まずは保護者が楽しめる」ことを念頭に置いて取り組むと、必ずうまくいくものです。

どうしてそうなるの？ ～保護者は自分も楽しみたい～

人は自分が笑顔になれたものを「楽しかったもの」と思います。逆に、全然笑顔になれなかったものは「つまらなかった」「しんどかった」となります。

親子の集いも、保護者がたくさん笑顔になると、「楽しかった」「参加してよかった」の感想が多くなります。保護者を笑顔にさせるポイントは「自分がかかわる」「参加する」ことです。運動会の保護者アンケートなどを見るとよくわかりますが、新しい親子競技があると、「今年の運動会は楽しかった」に○をつける保護者の数が増えてきます。自分も参加し、自分も楽しめたら、「楽しい運動会」になるというわけです。親子の集いも同じです。保護者の参加する部分が多く、自分がおおいに楽しめるものが、そのまま「楽しい」集いになるのです。

じゃあどうすれば？　**～保護者が「ああ楽しかった」と思うものを～**

子どもは、親といっしょに何かをする、というだけでうれしいものです。その中味が何であっても喜びます。ならば親子の集いを成功させようと思えば「保護者が楽しめる」ということを考えればいいのです。そのためには、「だれでもできるもの（失敗がない）」、「すぐにできるもの（保護者によって遅い早いが出ない）」、「じょうずへたが出ないもの（全員がうまくいく）」の3つが大切です。その満足感がなければ保護者は楽しいとは思いません。反対にその3つさえあれば、何をしても保護者の口からは、「楽しかった」の感想が出ます。

保護者とうまくいくポイント　**親子の集いは、保護者を笑顔にすることを考えるとうまくいく。ポイントは、「だれでも」「簡単に」「失敗なく」できるものを**

うまくいく
行事編
保護者が満足する行事にするために
6
夏祭り

おおぜいが一堂に集まるところでは、保護者は「ルールを守らない」「放送は聞いていない」「文句は山ほどくる」を覚悟し、事前にその対策をしっかり取っておくこと

園内で夏祭りをする園が増えてきました。子どもだけで行なう園もありますが、親子参加型の園も多いようです。その形態も、屋台風にして飲み物や食べ物を扱うコーナー、輪投げなどのゲーム屋さん、そしてお化け屋敷と、まるで縁日のような、本格的な夏祭りが多いようです。

でも、保護者参加の行事につきものなのが保護者からの「文句」と「苦情」です。子どもだけで行なったときとは違う種類の混乱がたくさん起こる覚悟が必要です。

どうしてそうなるの？　～夏祭りは混乱がつきもの～

親子参加式の夏祭りを行なって、保護者からクレームで多いのが「ルールがよくわからない」「チケットや品物が買えなかった」「放送がわからなかった」というものです。いずれも園としては「ルールは簡単」、「チケットと品物は数を合わせた」、「何度も放送した」つもりでも、そういうクレームは山ほどくるのです。夏祭りのようなにぎやかで楽しいイベントでは、保護者は楽しめてあたりまえで、「がまんをする」ということができにくくなります。

全体のルール、時間配分、場所や時間の変更などは、どれだけ知らせていても、聞いていない人、守らない人が続出します。人がおおぜい集まるところではどうしてもそうなってしまうようです。

チケット売り場は…♪
チケットはここって書いてあるじゃない！
どういうこと!?
たこ♪やき
おしらせ
変更になったと、放送でお知らせを…。
チケット売り場は場所が変わりました～！
チケット売り場はジャングルジムの下に変更になりました
アラ！
かったよ～！
ボクも！
あっちだ！

じゃあどうすれば？

～「わかりやすく」をモットーに～

混乱が起こる原因の半分は園側にもあると言えます。ルールも確かにややこしかったのかもしれません。保護者が大勢集まるところでは、ルールは超わかりやすいものがいいのです（運動会の保護者競技などは、ごく単純なルールでもわかっていない人が多発します）。時間や場所の変更、チケットや品物の不足は、マイクアナウンスではなく、それを書いた大きな看板を持ち歩いて知らせるべきだったかもしれません。混乱には必ず適切な対処法があります。こちらが万全の対策を取ることで、保護者の不満は最小限に防げます。

保護者とうまくいくポイント

夏祭りは、保護者が少しでも混乱しそうなものには、しっかりと対策を取っておく。当日のトラブルの数がずいぶん減る

うまくいく
行事編
保護者が
満足する行事に
するために

7

運動会

保護者はわが子がんばっている姿を見るだけで満足する。気になるのは演技内容ではなく「わが子はどこ? もう出た?　まだ?」。見逃すと不満がいっぱい

幼稚園や保育園での、年間3大行事のひとつ、運動会。今年はどんなものに? 競技内容は? プール遊びのころから気になる先生もいるようです。でも、そんなに心配する必要はありません。保護者が見ているのは「演技や競技」ではなく、「わが子の姿」。わが子のがんばる姿さえ見ることができれば大満足です。逆にいえば、わが子の姿が見えなかったり見逃したりすると大きな不満が残ります。そのほうが怖いのです。

どうしてそうなるの?　～わが子の姿しか追っていない～

保護者から、運動会のビデオなどを借りてご覧になったことがありますか?　すごいものです。わが子の動きしか追っていません。子どもが待機する場所に移れば、そのまま待機するようすがずっと映し出されています。それが文字どおりの「保護者の視点」です。わが子が出ていれば、それはどんなものでも「興味のある競技」。わが子の姿は1秒たりとも見逃したくないのに、わが子がどこに並んでいるのかがわからなかったり、出番がわからず見逃してしまったりしたのでは、興ざめもいいところです。なんの競技だったかは忘れても、見逃した悔しさはいつまでも覚えています。

保護者にとっては、そうならない運動会が「いい運動会」なのです。

次はリレーです！
こぐまチーム、
○ちゃん、△ちゃん、
□くん、×くん。
こじかチーム……。
こぐまチームの
2番目ね。
あっいた！
いたいた…。
◎ちゃ〜ん！

保護者にわが子を探しやすくする工夫を！

じゃあどうすれば？

～子どもをさがしやすい工夫を～

運動会は、子どもの並ばせ方ひとつにも注意を払い、少しでも保護者に子どもの姿が探しやすく見やすくなる配慮が大切です。例えばリレーならばどのチームにいるのか確認できるようトラックを1周してから並ぶ、かけっこの場合、次のレースのメンバーの名前をそのたびに言う。体操ひとつでも、保護者は子どものせめて横顔だけでも見たいもの。それを来賓席のほうばかりを向かせ、保護者にはお尻しか見せないのでは、後から苦情がきてもしかたがありません。

保護者とうまくいくポイント

運動会では、競技内容や選曲ばかりに気をとられず、子どもの位置や出番のわかりやすさの工夫を。保護者はわが子の姿が見たい

保護者がまず見たいのはわが子の作品。りっぱな「共同作品」はすぐに忘れるが、「わが子の作品」は10年後も覚えている

あるアンケートで、先生方に、園の年間行事の中でもっとも苦手なものを尋ねたところ、1番が「生活発表会」で、2番はなんと「作品展」でした。作品展はそれほど取り組みが難しいということでしょう。作品展はみんなで作った（描いた）すばらしい作品がたくさん並んでいます。でも、保護者の方をご招待したとき、保護者がまずすることはといえば･･･、先生が苦労して取り組んだクラスの合同作品を見ることではなく、わが子個人の作品を探すことなのです。

どうしてそうなるの？ 〜「わが子の作品」が見たい〜

保護者は「作品展」といえば、当然のように、わが子の作品がたくさん飾ってあると思っています。つまり、保護者の目的は「わが子の作品を見ること」なのです。数ある作品の中から、まず、わが子の個人作品を探します。共同作品に目がいくのはその後です。でも、わが子の作品を見つけたときほどは感動しません。一年後、どんな作品だったかさえ忘れていることも。

一方、わが子の個人作品を見つけたときは、立ち止まって笑顔が出ます。しばらく見入っています。何十年たってもそれを覚えているときもあります。保護者というのは、それほど何でもわが子中心に考えているものです。

苦労した共同作品を
見てほしいんだけどな。
かわいい!
うちの子のだわ。
あの子らしい絵だわ。
みんなでつくったよ

じゃあどうすれば? ～個人作品にも力を入れよう～

保護者に満足してもらえる作品展にしようと思えば、個人作品を多めにすることです。保護者がわが子の作品を早く発見できるよう、名前(札)の書き方の工夫も必要です。でも、共同作品は共同作品で大きな意義と目的があります。共同作品に力を入れている園もあります。その場合は、その共同作品の中で、わが子はどんなところを担当したのか、また、どのように取り組んだのかが、保護者にわかるような工夫がなされてあれば、保護者はその作品の中でわが子の姿を想像し、満足感を持ちます。

保護者とうまくいくポイント 保育者は「作品展」は、単純にわが子の作品がたくさん展示されていると考えているもの。共同作品にばかり力を注がず、個人作品も大切に

9

音楽会

楽器に差があるのは不満のモト! しかし、どんな楽器を担当しても、子どもが喜ぶ工夫が施されていれば、保護者は満足する

保護者の音楽会での関心事は、「何が演奏されるか」ではなく、「わが子が何の楽器を担当しているか」です。いろんな楽器がある中で、目だつ楽器をわが子が担当していると、保護者は喜びます。特にシンバル・大太鼓・小太鼓など、豪華で、ひとつしかない楽器を担当していたときは大満足です。「その他おおぜい」のような楽器をわが子が担当していると、悲しくはなりませんが、わが子ももっと目だつ楽器をさせてもらえたらな、差があるな、と内心思っているものです。

どうしてそうなるの? ～「その他おおぜい」にされたくない～

音楽会という栄えある行事の中で、わが子がひとつしかない楽器、大きくて華やかな楽器を担当していると、わが子が「選ばれた子ども」のように思え、保護者として気持ちがいいのです。「音楽のセンスがよかったから選ばれたのかも」、「わが子が特別扱いされている!」といったような、満足感を得られるのでしょう。一方、わが子がカスタネットや鈴といった、質素でいかにも「その他おおぜい」の楽器を担当させられていたときは、わが子も「その他おおぜい」扱いにされたような気持ちになるのかもしれません。音楽会は、子どもが何の楽器を担当したかで、満足感が大きく違ってくるのです。

じゃあ どうすれば? ～子どもも楽器も目だつ工夫を～

どんな楽器であろうと、何らかの形で「目だつ」工夫があれば、保護者はもちろん子どもも大満足します。例えば鈴ならば、ワンポイントのかわいい装飾をつけ、ひとりに2つずつ持たせるだけで、見た目も音もボリューム感が出て豪華になります。タンバリンだと、例えばおしりでたたく、床に置いてボンゴのようにたたく、という場面が少しあるだけで、それ自体がまるで楽しい遊びのようになり、「鈴がやりたい」「タンバリンがいい」、と言う子どもも出てきます。

保護者とうまくいくポイント 一見魅力がないように思えるものも、工夫次第で子ども同士で取り合いをするほど魅力あるものに変身させることができる。子どもが喜ぶものは保護者も喜ぶ

うまくいく
行事編
保護者が満足する行事にするために
10
クリスマス会

成功のカギはサンタクロース。たった3つのポイントで「雇われサンタさん」が名優サンタに大変身

クリスマス会は、いまやいい意味でイベント化し、キリスト教系の園だけではなく、仏教系の園でも行なわれていることもあります。そのクリスマス会で、子どもたちがもっとも楽しみにしているのが、プレゼントを持ってきてくれるサンタさんです。でも、クリスマス会が参加者みんなの期待にこたえ、夢を育むすばらしいものになるかどうかは実はサンタクロースさんの演技ひとつにかかっています。

最近多くなった「おフザケサンタ」や、子どもの質問に、ウケを狙った「珍答」を返すサンタは保護者からの不評を買います。

どうしてそうなるの？　～子どもの夢を壊したくない～

クリスマス会の大成功のカギは、その日のメインゲストであるサンタクロース次第といえるかもしれません。でもたいてい、その「正体」は保護者の方だったり、地域の男性であったりの「雇われサンタさん」がほとんどです。園としては、細かい要求やリクエストがしにくい相手です。そのため、だいたいの進行を伝えるだけで、後はもうお任せ状態になってしまいがちです。一方サンタさんは、なんとか子どもたちを楽しませせようと努力します。その結果することは・・・、まるで申し合わせたように、ウケを狙った冗談とおフザケが入り混じったサンタさんをおもしろおかしく演じ、会場の爆笑を誘うだけで、かえって夢のない、中途半端な興ざめサンタになってしまっているようです。

じゃあ
どうすれば?

～「普通」がイチバン!～

「サンタさん」には事前に次の3点だけ伝えておくと、だれもが名優サンタに変身し、子どもにも夢を与えます。1、常に薄目にする（若い人でもおじいさんのような顔になります）。2、ゆっくり動きゆっくり話す（これだけでだれでも本物らしい動きと声になります）。3、子どもの質問には、もっともありふれた答えを返す。例えば「今何歳?」の質問には「185万7千･･･」など言わず「225歳」と、子どもに身近な数字で言う方が子どもは信じる。「どこから来たの?」の質問にはウケを狙った場所を言うのではなく、普通に「寒い寒い北の国」と言う、などです。子どもには心の中のイメージどおりのごく普通のサンタさんが一番夢を与えるというわけです。保護者もおフザケサンタより、夢のある普通のサンタを求めています。

保護者と うまくいく ポイント

クリスマス会のサンタクロースさんには、ごく普通の、ありふれたサンタを頼むとサンタさんもやりやすく、だれもが満足するもっとも夢のあるサンタさんになる

うまくいく
行事編
保護者が
満足する行事に
するために
11

発表会

保護者の希望は「よく見える席」と「がんばるわが子」。先生方が「一番苦労した点」などには興味を示さない

「発表会」が近づくと、頭が痛くなる先生方は多いものです。「先生がもっとも苦手な園内行事」という調査では、栄えある1位を獲得したことがあるほどです。

発表会では、子どもたちの歌や演奏、さまざまな表現遊びを披露する園が多いようです。中味がなんであれ、先生方にとって発表会は、おおぜいの人に「自分の保育が見られる日」にちがいありません。だから緊張感が走るのかもしれません。

でも保護者が発表会を見にきた目的はただひとつ「わが子を見る」ことなのです。

どうしてそうなるの？　～わが子の姿を見たい～

「発表会」は、以前はよく「生活発表会」と呼ばれていました。発表会は、子どものふだんの姿がそのまま表れます。日ごろなんでもきちんとできる子どもは、発表会のことをしてもきちんとできます。いつもふざける子ども、落ち着きのない子どもは、発表会当日も練習の中でも同じようになりがちです。日常の姿がそのまま出るので「生活発表会」というわけです。

でも、それは先生も同じです。発表会はピアノを始め、音楽や歌の指導力、構成力や創造（想像）力、そして子どもをまとめる力など、まさにふだんの保育の総合力が試される行事です。

それまでごまかせていたもの、避けて通れていたものが、すべて引っぱり出される日、それが発表会です。

子どもと子どもとの間から、
後ろの子の顔が見えるように並ぶ。
後ろの列の子どもも、よく見える
工夫を。台などがあれば、さらによい。
立ち見席でも
みえるかな
……。
最前列はカーペット席に
するとよい。
パイプイス席の前に、
子どもイスの席を作る
と全員見やすくなる。
立ち見席の後ろの壁に、
ベンチや大型積み木を並べ、
一段と高い立ち見席を。

じゃあ どうすれば？

～客席作りにも力を入れる～

保護者は、発表会では、合奏であれ劇遊びであれ、「それを作り上げるために苦労した」という、先生が「見てほしいところ」にはさほど興味がないものです。保護者の個人的関心事は「いい席に座れるか」「わが子がきちんとできるか」「わが子がかわいかったか」の3点です。それさえOKならば、保護者にとっては「大満足の発表会」となります。ピアノの練習や道具作りに膨大な時間をかけず、「どこでも見やすい会場作り」「子どもがよく見える並び方の工夫」などにも時間をさく方が「賢明」と言えるかもしれません。

保護者とうまくいくポイント

発表会は、「自分の保育が見られる日」と思わず、単に「親が子どもを見に来る日」と考え、「保護者の視点に立った発表会」を心がける

うまくいく
行事編

保護者が
満足する行事に
するために

12

卒園式

保護者にとっての「よかった卒園式」は、感動を味わえた卒園式。保護者にたくさんの感動を与える工夫を考えよう

「昨年の卒園式はすばらしかった!」、「今年の卒園式は、なにかもうひとつだった」・・・。卒園式が終わった後、保護者たちは「卒園式評論家」となり、さまざまな感想を述べ合います。わが子がどうだったかではなく、式自体のよしあしを批評し合うのです。同じするなら保護者に「よかった」と思われる卒園式にしたいものです。「よくない卒園式」なんて本当はないはずです。でも、「よかった卒園式」と言われる卒園式にはある共通点があります。それは、その中にたくさんの感動があった卒園式です。

どうしてそうなるの?　～たくさんの感動を味わいたい～

人は、その中で「楽しい」「うれしい」「おもしろい」「感動的」の、どれかひとつでも味わうことができると、それを「よかった」とみなす傾向があります。それをたくさん味わえた旅行は「よかった旅行」となり、それがたくさんあったドラマは「よかった話」となるのです。

わが子の卒園式で保護者が期待するのは、「喜び」と「感動的」をたくさん味わうことです。「卒園式にはたくさんの感動や喜びがあって当然」の前提で参加しています。それらをあまり味わうことができなかったときに「よくなかった」という言葉が出てきます。

逆にいえば、式の中でたくさんの「喜び」と「感動的」があれば、それは即「よかった卒園式」となるわけです。

じゃあ どうすれば？

〜盛り上げる演出を〜

卒園式というのは、それ自体にもう「感動」が備わっているので、プログラムの中のひとつひとつに、ほんの少しの演出を施すだけで、その感動が何倍にも盛り上がります。例えば卒園児の入場のとき、「思い出」を振り返るとき、送辞や答辞を読むときなど、それぞれBGMがあるのと何もないのでは、かなり感動が違ってきます。その選曲次第、ボリューム次第で、より多くの涙を誘ったり、逆に雰囲気を壊したりすることもあります。卒園児の言葉のどこかに「お父さん・お母さんありがとう」があるだけでも、かなりの感動を呼び起こします。式を盛り上げるポイントはいくつもあります。

保護者とうまくいくポイント

卒園式では、保護者にたくさんの「うれしい」と「感動的」を味わえる工夫を。そのヒントは、BGMなど、式の周辺的な部分にあることが多い

うまくいく
行事編
保護者が
満足する行事に
するために

13

お試し保育
見学会

園へのイメージはこのとき決定する。特に保護者の質問にはていねいに答えること。その答え方ひとつが入園の決定を大きく左右する

入園前の、いわゆる「お試し保育」。参加した親子には、ひとつの大きな目的があります。「この園に入ろうかどうしようか」です。つまり、園の品定めにきたわけです。そこで保護者はさまざまな質問をしてきます。聞きたいこと、知りたいことがたくさんあるのです。そのとき、その質問を受けた先生は責任重大です。なぜなら、そのときのその答え方が、保護者の園へのイメージを決定づけ、入園するかしないかを決める大きな判断材料になっていることが多いからです。

どうしてそうなるの？　～「感じのいい応対」を望んでいる～

保護者にとっては、質問をしたそのときが、園の関係者との初めての接触、となっていることが多いものです。保護者は、そのときの相手の答え方、話し方で園のイメージを決定づけます。例えばそのとき、とても感じのいい答え方をしてもらったら「この園は何て感じがいいんだ」となります。

反対にとても感じの悪い答え方だったなら、「感じの悪い園だな」と思うようになるのです。「何か冷たい話し方だな」「面倒くさそうに答える人だな」。そう思わせてしまったらもうアウトです。歓迎ムードが感じられず、そのまま「こんな園に入るのやーめた」となることも十分にありえます。

もしも、入園することになっても、そのイメージがいつまでもつきまとっている場合もあります。

トイレお借りできます？
この園の特長は？
あのー。
さあ。
別に。
どーぞ。
なんでも聞いてくださいね！
ホッ
笑顔で、
優しく、
ていねいに。

じゃあどうすれば？

～「いい印象」を与える対応を～

お試し保育のような、保護者が初めて園と接する機会は、その人が園のイメージを作る大切な瞬間です。質問ひとつに対しても、細心の注意を払いましょう。「はい」のひと言でも、笑顔で明るく言うか、仏頂面で小さな声で言うかでかなり印象が違ってきます。用件だけを伝えるようなぶっきらぼうな話し方もよくありません。大会社の受付係になったイメージで「笑顔で」「やさしく」「ていねいに」答えることが大切です。

保護者とうまくいくポイント

保護者にとっては、園で初めて会話を交わした先生がその園の代表者。その人のイメージが、そのまま園のイメージになる

うまくいく
行事編

保護者が
満足する行事に
するために

14

集合時刻

守らない保護者がトクをし、守った保護者がソンをするルールにしていくと、遅刻者が増えていく

保護者参加の行事を行なったとき、もっとも困ることのひとつが「遅刻者が多い」ことと「時間を守ってくれない」ことです。親子遠足の集合は9時なのに、5組の親子がまだ来ていない。懇談会のあとの講演会は10時からなのに、会場に人はまばら･･･。

でも、だからといって、遅刻者を待ったり、開始時刻を遅らせたりしていくと、今まで守っていた人までが守らなくなり、ますます時間にルーズな保護者が増えていきます。

どうしてそうなるの？　〜ルールを守ればソンをする!?〜

人が時間を守るのは、守らないと自分に困ったことが起こるからです。守らなくても、困ったことが何も起こらないならば、人は時間を守らなくなります。園の行事でも、もし遅刻者を待ってから始めたりすると、その遅刻者にとっては遅れても何も不都合は生じなかったことになります。すると、必ず次も遅刻をするようになります。

一方、時間を守った人は、遅刻者のために開始時刻を伸ばされたのでは、自分は待つために早く来たことになります。なんだかソンをした感じがします。つまり時間を守った人がソンをし、遅刻をした人がトクをするルールになってしまうのです。それが続くと、やがてだれも時間を守らなくなってしまいます。

まだの方がいらっしゃるので、もう少々お待ちください。
まだ始まってない！
ラッキー
遅刻者を待つよりも…
……以上のことをお願いします。
あ、もう始まってる！
あわわ
時間を守った人を優先しよう！

じゃあどうすれば？

～遅刻者がソンをするルールに～

方法はふたつあります。まずは、遅刻者に構わず時間どおりに進行することです。遅刻者は気まずい思いをしたり、最初の方を聞き逃したりしますが、遅刻をすることでそんな不都合が自分に発生することがわかれば、遅刻が減っていきます。「遅刻者は待ってくれない」ことがわかれば、ほかの人も時間を守ろうとします。もうひとつは、遅刻者がそろってから時間を守った人をほめることです。人は褒められたことを繰り返す習慣があります。また、間接的に遅刻者を戒めたことにもなります。

保護者とうまくいくポイント

行事は遅刻者がいても定時で始めると、次回から遅刻者が減ってくる。時間励行者を褒めるのも遅刻者抑止に効果がある

次はリレーです！
こぐまチーム、○ちゃん、△ちゃん、□くん、×くん。
こじかチーム……。
こぐまチームの2番目ね。
あっいた！
いたいた…。◎ちゃ～ん！

第3章
要求・クレーム対応編
～保護者に笑顔で納得してもらうために～

「不満」とは「イヤだ」と思う感情です。
「希望」や「要求」は、「こうでありたい」と望む気持ちです。「クレーム」はそれらの表現です。
根っこはすべて同じです。
人は満足したいのです。

要求・クレーム対応編

保護者に笑顔で納得してもらうために

1

保護者が求めているのは「解決策」ではなく「満足感」。満足感が持てる言葉をたくさん使うようにする

「先生、発表会ではどうしてうちの子があんな役だったのですか。本人もいやがってましたよ」。保護者は、自分の困ることはすべて「クレーム」にしたがります。そのとき、「それではこれからはおうちの人に聞いてからってことでいいですか」などの解決策を提案しても、少しも話の解決にはなりません。「そこまでしろって言ってないじゃないですか」、必ず反論してきます。

つまり保護者が何かを言ってきたとき、その場で具体的な解決策を出すと、かえって話がこじれたりするのです。

どうしてそうなるの？　～先生にわかってもらいたい～

保護者が要求やクレームを言うとき、その目的は、それを今すぐ解決してもらうことではありません。自分の気持ちをわかってもらうこと、理解を寄せてもらうこと、です。言いたいことが全部言え、自分の思いのすべてを伝えることができたなら、その時点で目的はほとんど達成できたようなものです。

駅やお店に、ああだこうだと文句や苦情を言ってくるお客さんも同じです。言うことで気持ちよくなりたいのです。もう終わっていることなので、その解決策はないことは知っているのです。言うことで満足したいのです。

しかしその満足感を阻むのが、いわゆる「反論」です。つまり「あなたを認めません」と言われているのも同然だからです。

じゃあどうすれば?

～肯定言葉を使う～

文句や苦情を言っている人が、相手に求めているのは反論ではなくこんな言葉です。「そうですか（そうですね）」「ごもっともです」「わかりました」。いずれも、相手は「私はあなたの言う言葉を認めています」と言ってもらったように聞こえ、気持ちが良くなります。その3つの言葉を随所にちりばめながら、言葉のやり取りをします。相手は自分の希望や主張はその時点で何も改善されていなくても、気持ちはすっきりしているので、笑顔で帰っていくこともあります。

保護者とうまくいくポイント

保護者の要求やクレームは、それを言うこと自体が目的だと思うこと。3つの言葉を活用し、たくさんの満足感を味わってもらおう

要求・クレーム対応編

保護者に笑顔で納得してもらうために

2

保護者から要求やクレームがきたときは、それを謙虚に受け止める。さらに問題を大きくするようなリアクションを出さなくてすむ

「先生、○○はしないのですか」。「もっと△△してほしいです」。保護者からの要求やクレームがきたとき、それを素直に認めず、逆に保護者が「カチン」とくるようなことを何か言ったりしたりしてしまうと、大変な問題に発展してしまうことがあります。話が全然違う展開になり、いつの間にか保護者の中では、その新しい「怒り」のほうが大きな問題になっていることもあります。

「それなら違う園に行けばよかったですね」とひと言ったために、役所にまで苦情を言いに行った保護者はおおぜいいます。

どうしてそうなるの？　～新たな火種を作る～

人から何か要求やクレームを言われたとき、人が最初にすることは、その言い分を認めようとしないことです。何かを言われたら、まずはそれを謙虚に受け止めよう、と心がけている人は少ないものです。だれでもとっさに反論が出たり、顔色が変わったり、「違います」などの否定言葉が一番に出たりするのです。保護者とのトラブルが大きくなるときは、元をただせばそういうふうに、まず保護者が何かを言ってきて、そのときの対応やリアクションがまずかったことが、案外多いものです。何気なく言ったささいな言葉、ちょっとした否定の言葉が、相手には「許しがたい発言」になりうるのです。

今度はそのひと言が許されず、最初とはまったく別の、新たな怒りを発生させ、「これはもうほうっておけない」となっていくのです。

じゃあ どうすれば?

〜まずは事実を認める〜

どんなにわがままな要求がきても、どんなに理不尽なクレームがきても、「それは違う!」「それはおかしい」と言うのはもちろん、思ってもいけません。まずはそれを謙虚に受け止めることです。言うとおりにする、というのではありません。「そんなことを言ってきた」という事実を素直に認めるだけでいいのです。事実を丸ごと受け止めるのです。ショックを受ける必要もなければ、興奮する必要もありません。そうすると、とりあえず相手を怒らすリアクションが出にくくなり、余計なトラブルにまで発展しなくてすみます。

保護者とうまくいくポイント

保護者が要求やクレームを言ってきったときは、その内容がなんであれ、まずは謙虚に受け止めること。「えー」という言葉を返しただけでもトラブルに発展することがある

要求・クレーム対応編

保護者に笑顔で納得してもらうために

3

保護者から要求やクレームがきたときは、その背後に10倍のクレームがあると思うこと。保護者はふだん、言うのをがまんしている

　保護者から要求やクレームがくると気分が良いという先生はいません。はっきり言っていやなものです。できれば、年間を通してひとつも来てほしくないものです。ひとつでも来ると気になります。心が揺れます、構えます。

　でも、保護者は、実際に声にして届けていないだけで、園のこと、担任のこと、保育のことで、実はたくさんの思うことがあるのです。

どうしてそうなるの？ ～本当は言いたいことがほかにもたくさんある～

　昔、ある殺虫剤のコマーシャルの中に「家の中でゴキブリを1匹でも見つけると、ホントはその20倍もいるんだって」という言葉がありましたが、保護者からの要求やクレームというのは、まさにそんな感じだと思います。ひとつでも何か言って来ると、本当はほかにも言いたいことがきっとその何倍もあるのです。保護者はふだん、言うのをがまんしているのです。言うのもけっこう勇気がいるのです。数ある言いたいことの中から、「どうしても言いたいもの」だけを選んで言っているのです。

　例えば、毎月ひとつほど何か言ってくる保護者がいるとすると、言いたいことは本当は毎月その何倍もあり、その中の「よほどのもの」を言いにきている、ということです。

じゃあどうすれば?

～言われても気にしない～

保護者から要求やクレームがきても、ショックを抱いたりいやな思いをしたりする必要は何もないということです。要求やクレームは、あってあたりまえ。保護者もふだんから本当はもっとたくさん言いたいのに、ずっとがまんしてくれていて、その中からひとつだけ言ってきた!と思うことです。するとそれらを素直に受け止めやすくなっていきます。返す言葉や態度にも謙虚さが生まれ、いい話し合いになったり、いい結論に落ち着いていったりするものです。

保護者とうまくいくポイント

保護者から何か要求やクレームがきたときは、そのおかげでその10倍のものを聞かずにすんでいる、くらいに思っておく

要求・クレーム対応編

保護者に笑顔で納得してもらうために

4

保護者から要求やクレームがきたときは、笑顔で聞くようにすると相手は気分を害さない

「発表会でのうちの子の役を変えてほしいんですが」「わが子の名前が間違っていましたよ。気分が悪いです」。先生にちょっとした「お願い」や「報告」をしたら、先生はムッとした顔つきになった。言い方は気をつけたつもりなのに、何も怒ることはないでしょ、こっちが気分悪いわ・・・。先生としては、別にそれで怒ったりしていなくても、保護者はにそう思い込んでしまいます。

そうならないためにも、保護者から要求やクレームがきたときは、つとめて笑顔で対応しましょう。保護者の方も口調や言い方がだんだんやわらかくなっていきます。

どうしてそうなるの？　～「普通の顔」は誤解を招く～

苦情や要求というのは、言うほうも気分はよくないものです。こんなことを言って、相手を怒らせていないかな?　気分を害していないかな?　と気にしながら恐る恐る言っていることが多いものです。だから、こちらは何も表情は変えず、普通の顔で聞いていても、「やっぱり先生を怒らせた」とかってに思ってしまう人は多いものです。

人は相手に対してちょっとしたマイナス感情を持つときは、その人が「普通の顔」をしていても、勝手に「怒っている顔」をしているように見えてしまうのです。別に怒ってもいないのにそんな風に思われてしまうと、ますます誤解が生じやすくなります。

あの……、○○して欲しいんですが…。
本人にとってはふつうの顔。
えっ？
あっ怒った？
あの……、○○して欲しいんですが…。
笑顔笑顔♪
よかった、怒ってない。

じゃあどうすれば？ ～いつもより笑顔を意識する～

保護者が苦情や要求を言ってきたときは、意識的に口角を上げ、やや笑みをたたえるくらいの表情を作ります。いわゆる「顔に出やすい人」はなおさらです。人に苦情を言う人は相手の表情の変化を気にします。「別に怒っていない」ことをアピールするためには、そんな表情を作るくらいでちょうどいいのです。別に怒っていないのに、怒ったように思われるのは、余計なトラブルの元となります。むだな誤解を避けるためです。

保護者とうまくいくポイント
保護者から耳の痛い話を聞かされるときこそ笑顔をこころがける

第3章

要求・クレーム対応編

保護者に笑顔で納得してもらうために

5

たとえこちらに言い分があっても最後まで話してもらう。人は話を途中でさえぎられるのを何よりも嫌がる

保護者から、ちょっとしたクレームがきたときに、それが事実と違っていたり、明らかに誤解だと感じたとき、その言葉をさえぎるように「ちょっと待ってください!そんなことないんですよ!」などと、話している最中に割り込むような形で言ってしまうことがあります。

でもこれは、言いたいことを一気にまくしたてたい保護者にとっては一番されたくないことです。そんなことをすると、まさに火に油を注いだようになり、「いいえ!そうなんです!」、「先生!最後まで聞いてくださいよ!」と保護者は、ますますヒートアップします。

どうしてそうなるの? ～最後まで聞いてほしい～

人に何か文句を言いたい人というのは、相手に伝えたいこと、わかってほしいことがあるから言うのです。その「言いたいこと」「伝えたいこと」が、まだ言い終わらない、伝えきれていない、というときに、途中でそれをさえぎられると、自分のしたいことがスムーズに進まなくなったことで、新たな不満ができ、余計に興奮する、というわけです。

ですから、相手が興奮しているときは、それを鎮めることはしても、余計な刺激を与えてさらに興奮させることは、絶対にしてはいけないことなのです。

じゃあ どうすれば？ ～こちらの言い分は後で！-～

間違っていること、どう考えても誤解であることを一方的に言われるのは、確かにシャクです。否定したり釈明したりしたくなる気持ちはわかります。でも、途中でさえぎってはいけません。まずは最後まで聞くのです。最後まで話してもらうと、話しているほうは一応気分はスッとするので、興奮も少しは収まります。そのあと、こちらの言い分を言うのです。途中でさえぎるようにして言ったときとは、受け止め方が変わります。その話の途中で言いたいことを思いついたときは、そのポイントのみを頭の片隅にメモをしておき、最後にそれを取り出して言っていくといいでしょう。

保護者とうまくいくポイント クレームの類を言う人は、言っている時点で興奮しているもの。言葉をさえぎらず、最後まで話してもらうと、その興奮は少し鎮まり、「話し合い」ができるようになる

6

要求やクレームには、決して否定語を使わない。少しでも否定的な言葉を返すと、新たな怒りを生じさせる

保護者が、何か要求や、苦情のようなものを言ってきたとき、決して言ってはいけない言葉があります。「でもね」「違いますよ」「そんなことないです」「それはできません」といった、いわゆる「否定言葉」です。

「どうしてですか」「何をおっしゃるんですか」「どうすればいいんですか」なども否定言葉です。

それらは一見単なる疑問文のように見えますが、単に「私はそれを認めていない」ということを伝えているだけの言葉だからです。

どうしてそうなるの？ 〜自分を否定されたくない〜

要求やクレームを言ってくる人は、不満があるから言うわけです。その不満の気持ちを伝えたいのです。その気持ちを認めてほしいのです。受け入れてもらいたいのです。そこへ否定言葉が返ってきたのでは、「あなたのその気持ちを認めません」ひいては「あなたのことを認めません」と言われたように感じてしまうのです。

夫婦げんかでも、きょうだいげんかでも、その発端は、片方が何か言葉を発して、相手がそれを否定する言葉を返したことから始まることがほとんどです。

自分の気持ちや言い分が相手から認められなかったり否定されたりすると人は必ず言い返し、そこからバトルが始まるのです。

じゃあどうすれば?

～認める言葉を口にして出す～

人に文句や苦情を言ったとき、肯定的な言葉を返されると、人は満足し、興奮も鎮まり、その気持ちも収まってくるものです。「そうですね」「そうですか」「本当ですね」「それは大変でしたね」といった言葉です。いずれも、「その言い分を認めます」、「丸ごと受け止めました」というメッセージが伝わります。ストレートに「わかりました」という言い方も満足感を高めます。

保護者とうまくいくポイント

要求やクレームがきたときは、その言葉を否定しない言葉を返していくと、相手は気持ちが落ち着き、興奮や怒りの感情も収まってくる

7 決して物別れに終わらないようにする。いつまでも不満が残り、いつか蒸し返されてしまう

保護者から何か要求やクレームがあったとき、双方の言い分ばかりが交わされ、結局は物別れに終わり、結論は何も出ていないことが多いものです。

しかし現状に思うことがあり、なんとかしてほしいからこそ言ってきた保護者にとっては、結局その結論が出ていないことになり、失望感と不満ばかりが残ります。

そしてそれらは、しばらく尾を引き、何かあったとき、その感情が再び思い出されることもあります。

どうしてそうなるの？ ～何らかの結論がほしい～

「言いたいことは言えたけれど、先生は素直に認めないばかりか、反論ばかり。水掛け論になっちゃって、自分でも問題点が何なのか忘れちゃった。で、結局どうしてくれるのか、何もわからない。要するに何も改まらないってこと？　これでは何のために言いに来たのかわからない」・・・。物別れに終わってしまった話し合いの後というのは、保護者はそんな気持ちになっているものです。「物別れに終わる」ということは、要するに結論がうやむやになったことを意味します。どちらも傷つかない、ある意味便利な終わり方です。でも、建設的な結果は何も出ない、何も生み出さない終わり方でもあるのです。

でもね…。
しかし…。
わかりました。〇〇ということですね。
よろしく、
では、園長にもそのように伝えておきます。

じゃあ どうすれば？

〜何らかの着地点をつける〜

はっきりした結論でなくてもいいので、何らかの着地点を作ると、とりあえず互いが気持ちよく話し合いを終えることができます。相手の言い分が全面的に認められないものであっても、例えば「これから気をつけて見ておくようにします」、「では、園長にもそのように伝えておきます」などの言葉で話が終われば、一応相手も納得します。「わかりました。◎◎というわけですね」と、認められるところを、復唱するように言うのも効果があります。

保護者とうまくいくポイント

話し合いが物別れに終わりそうなときは、少しでも相手が納得する言葉を最後に言って、話し合いの終点をつくると相手は満足する

8

保護者から要求やクレームがきたときは、こちらも早口になってしまいがち。落ち着いてゆっくりめに話すようにすると、おだやかな話し合いになっていく

保護者からクレームがきたときは、ちょっとした論争のようになってしまうことも多いものです。

そのとき、気づかないうちに、互いにだんだんと早口になっているものです。すると、両者ともますますテンションが上がり、その話し合いに収拾がつきにくくなっていきます。

どうしてそうなるの？ ～反論は早口になりがち～

テレビの討論番組を見てもわかりますが、「論争」となったとき、言い合っている人は、互いにとても早口でしゃべっています。特に自分が攻撃されたときは、言われたほうはもっと早口になり、割り込むようにして言い返しています。聞いているほうは何を言っているかわからないくらいです。

このように、相手の言葉を早く訂正したい、自分の言い分を早く伝えたい、と思ったとき、人はどうしても早口になるのです。さらに早口で言われた人は、早口で反論するようになります。すると、相手はもっと早口になります。互いにヒートアップし、まさに「論争」となります。

人は興奮すると早口になります。早口は相手をさらに興奮させ、話の解決をより遅くしていきます。

はっ!
ヒートアップしないで。
ですよね～。
そうです
ねぇ～。
意識して、スローダウン。

じゃあ どうすれば?

～こちらからスピードを落とす～

反論に反論をかぶせ合い、言葉の応酬になってきたなと思ったら、意識的に、自分から話し方を遅くすることです。意識してゆっくりしゃべるくらいでちょうどいいものです。興奮しかけた自分の気持ちを抑えていくことにもなります。気持ちも落ち着き、正常な判断ができるようになってきます。早口だった相手も、相手が話すスピードを落としたことに気づくと、自分も話すスピードを落とし、やがて落ち着いた話し合いができるようになります。

保護者と うまくいく ポイント

早口は論争のもと。いやなことを言われたときほど、平静を保ち、意識してゆっくり落ち着いて話をする

9

希望や期待感が持てる「回答」をすると、納得して帰る

「保育時間が短いと思います。8時までは開けておいてほしいのですが」「親子参加の行事が多すぎると思います。もっと減らしてほしいです」「わが子はよく食べるのに、給食の量が少ないと思います。もっと多くできませんか」。保護者はさまざまな要求やクレームを言ってきます。そんなとき、もしかしたらそれが実現するかもしれない、との含みを持たせる誠意のある回答をしておくと、保護者も納得して帰っていきます。

どうしてそうなるの？ ～頭から否定されたくない～

保護者はだれでも、もっとああしてほしい、こうしてほしいという要求がたくさんあります。言われたほうは、うるさく感じるときもあるかもしれませんが、イヤだと思ったり、希望を持ったりするのは人は自由なはずです。つまり言うのは自由なのです。そのとき保護者は、“絶対に聞き入れろ”、と言っているわけではありません。“実現したらうれしい”、くらいに思っています。

なのに、ちょっと希望を言っただけで、検討もしないで「それは無理」「できません」「不可能です」と即答されてしまうのは、気分が悪いものです。「できるわけありません」「ほかの人のことも考えてください」などの「余計な言葉」も言われたくないと思っています。

逆に、もしかしたらそれが実現するかもしれない、という期待感を持ってるとうれしくなるのです。

わかりました、
検討しておきます。
職員会で、ほかの
先生方にも
はかってみます。
必ず園長にも
伝えておきます。
お願いします♪
ママ
かえろー

じゃあ どうすれば？

～希望の持てる返事をする～

保護者に希望や期待感が持てる言葉には次のようなものがあります。「わかりました、検討しておきます」「必ず園長にも伝えておきます」「職員会で、みんなにはかってみます」。保護者は、なにか、自分の願いが実現するかもしれないような期待感が持てます。そう言われたら、それ以上、何も言わなくなります。「お願いしますね」と笑顔で帰ることもあります。後日、「そうしたけれどもダメでした」などと言われても、最善は尽くしてもらえた気持ちになり、納得します。

保護者と うまくいく ポイント

保護者からの要求やクレームは、即答で退けず、それを検討する機会を持つ約束をすると保護者は納得する

10

保護者から要求やクレームがきたときは、言ってくれたお礼を言う。言うほうの気まずさが緩和され、和やかな雰囲気になる

保護者がさまざまな無理難題を言ってきたり、ちょっとしたことにクレームをつけてきたりしたとき、少し腹が立ったり、否定的な言葉が出たりすることはあっても、「ありがとう」という感謝の言葉はなかなか出て来ないものです。

でも、そこで「ありがとう」の言葉を言うと、状況や雰囲気が一度に変化し、思わぬいい展開になるものです。

どうしてそうなるの？　～本当は言いたくなかった～

要求やクレームを言う人は、本当は気まずいものです。そのとき、心の中は揺れ動いています。「本当は言いたくなかった」「こんなこと言ってどう思われるかな」と、いろんなことを心配しながら言っているのです。そんな弱気を隠すため、わざと笑顔で言ったり、逆にテンションを上げ、興奮したように言ったりするときもあります。もちろん先生の反論も覚悟しています。そこにいやな雰囲気が流れることも承知のうえです。

ところが、そんなところに、この場にまったく不似合いな「ありがとう」という感謝の言葉を聞かされたのでは、まさに拍子抜けです。「あれ?どうなってるの?」という感じになり、さっきの興奮も醒め、一気に緊張も解けていきます。その場の空気も和み、両者に笑顔さえ見られるようになります。

ありがとう ございました。
あら。
こちらこそ。
こんなこと言って すみません。

じゃあ どうすれば?

〜感謝の言葉を言う〜

それがどんなにわがままな要求であろうと、理不尽なクレームであろうと、最後には「ありがとうございました」の言葉で締めくくります。「言ってくださってありがとう」「気づかない視点を教えてくれてありがとう」「正直な気持ちを教えてくれてありがとう」の意味で言うのです。「ありがとう」の言葉は、人の心を和ませる力を持っています。心を込めて言ったならば、保護者のほうも「こちらこそありがとう」「すみません、こんなこと言って」などの言葉もしぜんに出てくるものです。

保護者と うまくいく ポイント

感謝の「ありがとう」は、どんなときでも、その場の空気を和やかにする万能の言葉。保護者からのクレーム時には特に威力を発揮する

11

保護者からの要求やクレームで、すぐに対応できるものはその場で対応する。対応の早さと保護者の満足度は比例する

「先生、きのうのお便りでうちの子の名前が間違っていましたよ」。「そうですか、どうもすみませんでした」。そう言うとたいていの保護者はそれで満足したかのような態度を取るので、ついそれで終わってしまうことが多いものです。

でも、それで満足したと思うのは大間違い。保護者が本当に言いたかったこと、そしてしてほしかったことは、全然違うことだったのです。

どうしてそうなるの？ 〜保護者の「いいですよ」は本当はよくない〜

保護者の気持ちになってみることです。この場合は「気分が悪いはず」「訂正してもらいたいはず」の2点くらいはすぐに思いつきます。わが子の名前が違っている印刷物を持っているのは気分もよくないものです。字が間違ったものが人の手に渡っているのもいやなものです。人には「それくらいのこと!」に思えることも、当事者には「とんでもないこと」なのです。先生に謝られると、口では「いいですよ」と言いますが、本当はよくないのです。何らかの対処がほしいと思うものです。

そのとき、保護者の望むことを察して何らかの対処をすぐに取るか、「すみません」だけで済ませてしまうかで、先生に対する信頼感や気持ちは、大きく違ってきます。

うちの子の名前が
間違っていましたよ。
どうもすみま
せんでした。
以上、おわり。
すみません、
すぐに直します！
少々
お待ちを!!
よかった。
ホッ

じゃあどうすれば?

〜即座に対応する〜

正しく書いたお便りを1から作る必要はありません。その場で事務室に走り、パソコンで正しい名前だけを書き、プリントアウトして間違った文字の上にはり、その場で「改訂版」お便りをその保護者に渡すのです。それだけでその保護者は気持ちよく帰ってくれます。次の日、全保護者にも周知させるため、玄関に大きめの紙に書いた「おわび」をはります。さらに翌月のお便りで、前月、名前に間違いがあったことをあらためて伝えます。とても簡単なのに誠意は100%伝わります。保護者は怒りどころか満足感でいっぱいになります。

保護者とうまくいくポイント

すぐに対処できる要望には、即座に対処し、誠意を見せること。その誠意は必ず通じ、保護者に大きな満足感を与える

12

保護者の「希望」や「要望」は、ソフトなクレーム。ていねいに対処しないと、とんでもないトラブルに発展することがある

「お便りの文字がもう少し大きければ助かるのですが」「絵の具遊びの日はスモックを着せていただければうれしいのですが」「運動会で子どもが来賓ではなく親の方を向いてくれればうれしいんですが」・・・。

特にクレームという形ではなく、単なる「希望」「要望」として、やんわりと求めてきたとき、その対処を誤ると、それがやがてとんでもない問題を発生させることがあります。

どうしてそうなるの？ ～「クレーム」と「希望」は同じもの～

「クレーム」と、「希望・要望」は全然違うものに思われがちですが、実は同じものです。どちらも早い話が、自分のしてほしいこと、してほしくないことを言ってきているのです。それを苦情や文句として言って来たら「クレーム」、常識的な言い方でやんわりと言ってきたものが「希望・要望」です。「希望・要望」は、常識ある人の「クレーム」なのです。

ところが、保護者が「クレーム」としてではなくやんわりと「希望・要望」として言ってきたとき、先生たちはのんびりと構えすぎる傾向があります。クレームではない安心感から、即座に断ったり、検討もせずにその場で却下したりすることがあります。

しかし侮ってはいけません。その保護者も要するに、現状に満足していないのです。それを告げにきたのです。つまりソフトな「希望・要望」の正体はクレームだったのです。

………して
いただければ、
助かるのですが…。
…だと
うれしいの
ですが…。
はっ!!
ニコ
ニコ
ニコ
ニコ
これは
クレームだ!

じゃあ
どうすれば?

〜誠実な対応を心がける〜

保護者が笑顔で希望を言ってきたり、要求めいたことを言ってきたりしたときは、それはもう「クレーム」と受け取るべきです。実現するならする、できないならできないときちんと理由を告げ、ていねいな対応が必要です。油断をして、その要求をいい加減に扱ったり、気分を害す態度を取ったりすると、相手は「常識人」であるがゆえに、かえって怖いアクションを起していくことがあります。

保護者とうまくいくポイント

笑顔で言われた「希望」や「要求」は、常識人からきた「クレーム」だと思い、その対応は「クレーム」として届いたときよりも慎重かつていねいに対処する

13

保護者から要求やクレームがきたときは、3つにひとつは完全に受け入れる。それだけで「いつも受け入れてくれる」ように思う

保護者からの要求やクレームは、突拍子もないこと、素直には聞き入れにくいもの、が確かに多いものです。でも、だからといって、いつも「無理です」「それはできません」と言っていたのでは、保護者は「いつも何も聞き入れてくれない」と思ってしまいます。

でも、例えば要求してきたものを3つにひとつ、取り入れるようにすると、保護者はまるで「いつも取り入れてくれる」ように感じ、満足感がつのります。

どうしてそうなるの？ ～ひとつでも聞き入れてくれたら満足～

保護者が、例えば要求を3つ言ってきたとすると、ひとつは「却下」、ひとつは「保留」、そして最後のひとつは「OK」のバランスを保ちながらするのがいいのです。

却下されたのはひとつだけなので、ほとんどが受け入れられたような気持ちになり、「要求はいつも取り入れてくれる」という印象を与えることができます。

逆に「却下」がないかわりに、「OK」もないというのであれば、「いつも何も聞き入れてくれない」というまったく反対の印象を持ってしまいます。

じゃあ どうすれば? **～OKのものには素直にOKを出す～**

ごもっともな要求、それを取り入れてもなんら障りのない要求というものは、意外と多くあるものです。例えば「泥んこ遊びの日は事前に連絡がほしい」「行事の日はトイレの案内がほしい」などです。案外簡単に実現できるのに、できない言い訳をしたり、デメリットを出したりして、素直に「OK」を言わないときが、けっこう多くあるものです。「日曜日も開園してほしい」といった実現不可能な要求に、期待感を持たせる返事はよくありませんが、難なく実現できるものには素直に「はい」と言っていくと、「却下」「保留」「OK」はすぐに1:1:1のバランスに、いえそれ以上になります。

保護者とうまくいくポイント **保護者からの要求やクレームはむげに否定せず、実現できるもの、検討の価値のあるものは、きちんと「イエス」の返事をしていくと、保護者の満足感が高まる**

14

保護者同士で交わされる担任の「悪口」や「陰のクレーム」が聞こえてきたときは、保育者としても人間としても成長できる大チャンス

先生本人にとっては聞き捨てならない保護者の噂が、耳に入ってくることがあります。「子どもをいつもたたいているっていう噂が立っているわよ」「全然運動遊びを取り入れてくれない、って保護者は言っているそうよ」。噂話というのは、確かに気になるものです。

でも、何も気にする必要はありません。それどころか、自分が成長し、保護者にはより多くの満足感を味わってもらえるようになるいい機会になるのです。

どうしてそうなるの？　～保護者は噂話が好き～

保護者というものは、3人集まれば、園のこと、担任のことを話します。それが3人の共通の話題だからしかたがありません。そのとき、いい話はあまり話題にしません。自分が困っていること、ヘンだなと思うことなど、いわゆる「悪口」のほうが盛り上ります。話の中身はしぜんとそういうことばかりが話題になっていきます。

それが、何らかの形で本人のもとに届いたのが「噂話」です。それが「よくない噂」だったとき、本人はショックを受けるかもしれませんが、噂話というものは、冷静に自分を振り返ってみると、どこか当たっているところがあるものです。いく分尾ヒレがついているかもしれませんが・・・。そもそもそう思わせてしまう何かがあったからこそそんな噂が立ってしまったのです。

何を言っているのかな…？
きになる
きになる
気にしな〜い♪
でも、反省…。
なるほど、当たってるかも…。
こっそりやっておこう…。

じゃあどうすれば？

〜こっそり実行しておく〜

「噂話」や「陰のクレーム」が自分の耳に届いたときは、自分自身が成長する絶好のチャンスです。その噂話やクレームの、「少しは当たっている部分」「誤解を招いた部分」を探し、それを取り入れたり、取り除いたりするようにすればいいのです。逆に直接言われたならばもっとショックだったはずです。直接言われないだけマシだったと思い、噂の時点で対処しておくのです。例えば「運動遊びが少ない」という「噂」ならば、運動遊びをこっそり増やしておくのです。「笑顔が少ない」という噂なら、笑顔を心がけます。すると保護者は、先生への不満点が勝手に消えたことになり、逆に満足度がどんどんアップしていきます。

保護者とうまくいくポイント

保護者からの「噂話」には、腹を立てず、自分を改めていくいい機会にしましょう。するといつのまにか、保護者の満足度の高い、すばらしい保育者になっていく

要求・クレーム対応編

保護者に笑顔で納得してもらうために

15

クレーム予防策その1

子どものケガや傷は、侮ることなかれ。それがどんなに小さいものでも、保護者とのトラブルの元になると思ってちょうどいい

保護者との小さなトラブルは、子どものお迎えの時間にもっともよく起こります。その原因になりやすいのが、子どものケガや傷です。子どもがケガをしたことでトラブルになるのではありません。「この傷は朝にはなかったはず」「わが子がケガをしていたのに、先生はだれも知らない」。そのケガや傷には直接関係のないことで、ちょっとした誤解や行き違いが起こるのです。

どうしてそうなるの？　～園でのケガには超敏感～

保護者は、家庭で発生したケガや傷に対しては寛容です。小さな傷くらいは気にならないため、いちいち園に教えてくれません。一方で保育中にその傷を発見した先生は、てっきり園で作ったものだと思ってびっくりします。お迎えのときに謝ると、何でもないように「ああ、昨日ドアで挟んだんです」。

しかし、子どもの傷に自分でも気づかないまま登園し、お迎えのときに突然「この傷はどうしたのですか?」と言ってくるときもあります。すると、それが朝からあったかなかったかでトラブルになります。

逆に、園で作った傷なのに先生が知らず、お迎えのときに保護者が発見したり、先生から聞いていなかった傷を、家に帰ってから保護者が発見、というときもトラブルになりやすいものです。でもそれらのトラブルは、登降園時の子どもの姿をしっかりみておくことでかなり防げます。

じゃあどうすれば?

～小さな傷も見逃さない目を～

登降園時は、家で作った子どもの小さなケガひとつ見逃さない目を持つことです。もしもばんそうこうを見つけたら、それが何であるか聞いておきます。その傷が朝からあったことを確認し合うのです。先生も気づかなかった傷を指摘されたときは、「わからない」ですまさず、その場で近くの先生に尋ねたり、それでもわからなければ「明日までにさらに調べておく」ことを伝えます。「わからない」ですますか、そういう誠意を見せるかで、保護者の満足感は大きく違ってきます。降園時も子どもの傷の有無を調べる癖をつけていると、トラブルの元となる「後で保護者が家で発見する」ということがなくなります。

保護者とうまくいくポイント

登降園時は、子どもの小さなケガを発見することを主目的にすると、ケガにまつわる余計なトラブルがひとつでも減る

16

クレーム予防策その2

保護者は、職員同士の連携が悪いとクレームが出やすくなる。メモ1枚の、「情報共有システム」を作ろう

「先生、昨日お願いしておいたわが子の靴下、出てきましたか?」「はあ?　なんのことですか」。たったそれだけで、園の信用や先生への信頼感を失ってしまうことがあります。

お迎えのときにわが子の靴下がなくなっていることに気づいた保護者が、探しておいてもらえるよう遅番の先生に伝えたのに、翌朝、早番の先生に聞いたところ、何のことかさえわかってもらえず、いちから説明するはめになった、というわけです。

どうしてそうなるの?　～先生同士は連携済と思っている～

保護者は、何かあったとき、ひとりの先生に伝えておくと、それは職員全体に伝わっていると思っています。それもそうです。例えば私たちもレストランで何かを注文し、それが遅いとき、「まだですか?」とその辺のスタッフに尋ねます。だれに聞いてもわかるだろうと思うからです。そのとき「えっ?　何のことですか?」なんて言われたら、どう思うでしょう。昨日頼んでいたことを、その先生でないとわからないなんて言われたら、保護者もそれと同じ気持ちになります。そんなことがあれば、レストランでは当然のこと、幼稚園や保育園でも、トラブルが起こりやすくなります。職員間の連絡はもちろん、お客さん(園の場合は保護者)から承った情報は、どんな小さなものでも、職員同士で共有するシステムは、いまや常識です。

うちの子のくつ下、見つかりました？
はぁ？何のことですか？
伝わってない！
おはようございます！
職員連絡ボード
○ちゃんのくつしたみつからず。みつけたらおしえてください。
○/○ 18:00 XXX
おはようございます。
連絡のメモ、あるかな？

じゃあどうすれば？

～「連絡メモ」の活用を～

保護者から尋ねられたり依頼されたりしたことは、自分ひとりの情報にせず、職員全員に周知するようにすればいいだけの話です。「システム作り」なんて難しく考える必要はありません。メモ1枚でもいいのです。先の場合、承った先生が「○○ちゃんの靴下見つからず。探しておくこと」と書いたメモを、皆がよく見えるところにはっておけばいいのです。日時と自分の名前が書かれてあればもう完璧です。30秒でできます。特に保育園では遅番の先生が承った情報は、少なくとも翌日の早番の先生に伝わっていることが大切です。連絡ノートなどを作っている園もありますが、それを翌朝全員が一番に見る、というルールがないのなら、メモ作戦のほうがよほど効果があります。

保護者とうまくいくポイント

保護者は、自分の伝えたことが職員に周知されていなければ、不満や疑問を感じる。「情報の共有」、「職員同士の連携」はメモ用紙1枚で可能

17

クレーム予防策その3

保護者は「助かる」「便利」「楽しい」を感じると満足し、「困る」「不便」「楽しくない」を感じると不満を抱く

「運動会のときトイレがわからなくて困った」、「雨降りの参観日、保護者用傘立てがないので不便だった」、「遠足のお知らせのある紙が小さく、見逃してしまった」、保護者は少しでも自分が困ったり不便な思いをしたりすると、「不満」を感じます。保護者同士での「噂話」になっていくこともあります。そんなひとつひとつがクレームに発展したり、「園の評価」、「先生の評価」につながっていくのです。

どうしてそうなるの？　～保護者はとにかく「困りたくない」～

園としては、別に保護者を困らせようと思ったわけではなくても、それで保護者が困ったのなら、「保護者を困らせた」という事実が残ります。日ごろ何気なくやっていることの中には、それで保護者が困ること、不便な目に遭っていることが、実はたくさんあるものです。保護者の立場に立って考えないから、そういうことが起こってしまうのです。

例えば、ちょっとしたお知らせをはっただけでも、「気づきにくい場所にはってあった」「他にもたくさん紙がはられてあり、お知らせに気づかなかった」「文字が小さく、読みづらかった」「前日ではなく、せめて数日前からはってほしかった」など、「お知らせ」1枚で、さまざまな不満や要求が渦巻いているものです。

運動会のとき
トイレはどこ？
ひよこぐみのとなり！
ひよこぐみはどこ？
うさぎぐみのとなり！
雨降りの参観日
保護者用はどこ？
遠足のおしらせ
えっこんなところに!?
おしらせ
全然気がつかなかった……。

じゃあ どうすれば？ ～あらゆることに小さな配慮を～

保護者に対して行なうことは、どんなに小さなものであってもそのたびに細心の注意を払い、行き届いた配慮を心がけておくことです。例えば先の例でも、もしも「トイレの案内がわかりやすく助かった」、「保護者用の傘立てが用意されていて便利だった」、「遠足の案内が大きくわかりやすく表示されていた」と保護者が感じたならば、保護者は園（先生）に対して高い評価を与えます。保護者に対して行なうものにはどんなものでも留意点がたくさんあるのです。保育とまったく同じですね。

保護者とうまくいくポイント 保護者がかかわるものには、お知らせ1枚はるときでも細かな配慮を配り、少しでも保護者が困らない工夫をしておく

あとがき

「保護者対応が難しくなってきている」と言われます。でもなんのトラブルも発生しない園やクラスもあります。そういうとき、「いい保護者に恵まれた」という言い方で言われることがありますが、保護者なんて日本中どこでもだいたい同じものです。「いい保護者」がどこかに固まって住んでいるわけではないのです。その代わり、「よくない保護者」もいません。同じ保護者が、「いい保護者」になったり「よくない保護者」になったりするのです。園次第、先生次第でそうなるのです。子どもも保護者も同じです。先生が変われば子どもも保護者も変わるのです。きっと。

<著 者>

原 坂 一 郎（はらさか　いちろう）URL:http://harasaka.com

元保育士、保育・子育てアドバイザー
1956年神戸に生まれる
関西大学社会学部を卒業後、独学で保育士資格（当時は保母資格）を取得。当時珍しい男性保育士となり、2004年までの23年間、神戸市立保育所に勤務。
笑いのある楽しい保育をモットーにしながら特技のピアノ・運動・絵を生かしたそのユニークな保育で、マスコミからは「スーパー保育士」と呼ばれていた。
現場の経験を生かしたその楽しい講演・講座・研修には定評がある。
現在
KANSAIこども研究所所長（078・881・0152）
関西国際大学非常勤講師
日本笑い学会理事

著書『子どもがこっちを向く指導法』（ひかりのくに）
　　『子どもがこっちを向く「ことばがけ」』（ひかりのくに）
　　『子どもがふりむく子育てのスーパーテク43』（中経出版）など

ひかりのくに保育ポケット新書③

保護者とうまくいく方法

～日常編・行事編・クレーム編 48のポイント～

2008年5月　初版発行
2009年3月　4版発行

著　者　原坂一郎
発行人　岡本　健
発行所　ひかりのくに株式会社
〒543-0001　大阪市天王寺区上本町3-2-14　郵便振替00920-2-118855　TEL.06-6768-1155
〒175-0082　東京都板橋区高島平6-1-1　郵便振替00150-0-30666　TEL.03-3979-3112
ホームページアドレス　http://www.hikarinokuni.co.jp

印刷所　図書印刷株式会社

Printed in Japan
ISBN978-4-564-60733-2
NDC376 112P 17×10cm